★★★★★
이 책을 함께 만든 독자에디터의 평가

독자에디터는 본 책의 초안을 검토하고, 편집 아이디어를 제공하고, 오탈자를 확인하는 등 독자의 눈높이에 맞는 책을 만들 수 있도록 많은 도움을 주셨습니다. 바쁜 시간을 쪼개어 참여해주신 독자에디터 11기 여러분께 깊은 감사를 드립니다.(닉네임 가나다 순으로 수록)

부동산 투자는 무조건 임장부터 해야 한다는 선입견을 깨준 책. 14일 부동산 수업을 그대로 따라하면 초보 탈출을 할 수 있는 계기가 될 것입니다. 더불어 책에 나온 유용한 사이트와 도구로 부동산 공부를 훨씬 수월하게 할 수 있었습니다. - 마르코지호 님

부동산 투자가 쉽지 않다는 것은 아마 모두가 알고 있을 거예요. 조금이라도 시행착오를 덜 겪는 방법은 이 책과 함께 시작하는 것이라고 생각합니다. 돈이 있다고 무조건 투자하는 것이 아니라 한 계단 한 계단 올라가야 그 모든 과정이 내 것이 되지 않을까요? 이 책은 부동산 투자라는 길의 안내서로 충분하다는 생각이 듭니다. - 미니멀랑이 님

부동산 공부를 시작하면서 단순한 감이 아닌 확실한 투자 기준을 찾기 위해 여러 강의를 수강하며 공부했습니다. 그 과정을 한 조각 한 조각 모아서 터득한 방법이 이 책 한 권에 고스란히 담겨 있네요. 부동산 투자를 처음 시작하시는 분들과 투자 경력은 있지만 묻지마 투자를 하셨던 분이라면 꼭 한번 읽어보고 꼭 한번 따라해보시길 적극 추천합니다. - 민담파파 님

행오팅 님의 『14일 부동산 수업』은 부동산 투자 방법의 숲과 나무를 모두 보게 합니다. 저자가 안내하는 꼼꼼한 커리큘럼은 아파트 투자의 모든 것을 담고 있네요. 꼭 짚어보아야 할 자료 찾기 방법과 활용법을 상세히 알려주셔서 좋았어요. 몰입도 높은 14일 학습 여정에 푹 빠져보세요. - 복듬 님

'수포자'를 넘어 '부포자'가 될 뻔한 저를 붙들어준 책입니다. "그래서 뭐부터 해야 돼요?"라는 막연한 질문에 차근차근 대답해줍니다. 핵심만 쏙쏙 뽑아낸 알짜배기 부동산 투자법으로 채워진 '14일 수업'에 어느새 빠져들었습니다. - 북로수길 님

부동산 초심자도 이 책과 함께라면 14일 안에 초보 탈출 가능! 부동산 고수가 친절하게 과외 해주는 느낌이 들어 마음이 든든해지는 책입니다. 부동산에 대해서 1도 몰라도 이 책을 옆에 두고 14일간 숙제까지 해내고 나면 어느새 투자자로 변신할 수 있어요! 투자자의 마인드 세팅까지 안내 해주니 저를 포함한 많은 분께 큰 도움을 줄 것 같습니다! 베스트 셀러 예약! - 삶을짓다 님

딱 14일 동안만 행오팅 님과 함께 부동산 여행을 떠나보세요! 아파트 투자에 필요한 손품, 발 품에 대한 모든 방법이 총망라되어 있습니다. 14일 후에는 당장 부동산 투자 전선에 뛰어드실 수 있을 것이라고 확신합니다. - 소니도로 님

각종 데이터의 출처와 분석하는 방법이 매우 유용했습니다. 부동산 투자의 핵심인 입지와 흐 름 분석을 스스로 할 수 있겠다는 자신감이 생깁니다. 14일간의 수업을 마친 후 꾸준히 체화한다면 투자 고수로 거듭날 것입니다. - 쉐어럭 님

처음 부동산 공부를 시작할 때의 막막함이 떠오릅니다. 그 때 이 책을 만났다면 보물지도를 얻을 것 처럼 든든했을 것 같습니다. 이 책은 투자를 위해 당장 뭐부터 시작해야 할 지 하나부터 열 까지, 이론부터 실전까지 총망라한 책이라고 할 수 있습니다. - 슈퍼엄마 님

초보자를 위한 부동산 책은 많지만 이 책처럼 선배의 마음으로 챙겨주는 책은 그리 많지 않 다. 내가 아는 최고의 입지분석 고수 행오팅 님의 책이 이제야 나온다니! 입지분석의 바이블 같은 내용이라 사회 초년생인 동생에게 추천하고 싶다. - 슬슬케이 님

초심자에게 입문 책으로 권하고 싶은 책이면서, 이미 부동산 시장에 입문한 투자자들에겐 다 시 한번 기초를 되짚어주는 '수학의 정석' 같은 책이었습니다. - 예슬 님

넘쳐난다는 부동산 투자 정보를 어디서 찾아 어떻게 활용하면 되는지 몰라 답답했던 나에게 이 책은 만능 레시피 같은 책이었다. 이처럼 친절한 책이 또 있을까? 14일간 저자가 알려 주는 방법을 단계별로 실천한다면 내 앞에 최상의 투자처가 나타날 것이다. - 오름쏭 님

본문 내용과 제대로 마무리하기로 정리하며 14일간 매일 수업 듣는 기분이었습니다. 이론적인 내용도 좋지만 투자자의 마인드와 관계에 대해 돌아보며 고민했던 이야기는 큰 감동으로 와닿았습니다. - 지중공 님

손품 바이블! 지금 당장 지역에 대해 어떤 공부를 하면 되는지 쉽게 알려줍니다. - 진금 님

부동산 초보 투자자를 위한 14일간의 안내. 좋은 투자처를 고르기 위해 꼭 필요한 내용을 단계별로 차근차근 알려줍니다. 읽는 동안 이 책이 진짜 필요한 분들이 떠올랐어요. 부동산 투자를 망설이시는 분들에게 강력히 추천합니다. 14일만 믿고 따라해봐요! - 책읽는재미주의자 님

부동산 투자에 대하여 입지와 흐름이라는 두 가지 키워드를 중심으로 기초부터 실전까지 친절하고 디테일하게 설명합니다. 1일 차부터 14일 차까지 행오팅 님의 안내를 따라가다보면, 부동산 초보 시기와 이별할 시간이 다가오는 것을 느낄 수 있을 것입니다. - 초코하임빠 님

부동산 투자 전 이 책을 읽는 행운이 당신에게 있기를! 내 집 마련을 꿈꾸는 동생부터, 어떻게 시작해야 할지 막막해하는 후배에게 강력히 추천하고 싶은 책. 투자의 초석을 단단히 다지고 싶다면 책의 흐름에 따라 14일 동안 함께 해보자. 꼼꼼한 분석부터 임장까지, 모든 영양소가 골고루 가득 담겨있는 맛있는 한 끼를 맛깔나게 먹은 기분! - 타임큐 님

투자 고수들의 경험과 성공 사례는 이미 포화 상태입니다. 그보다는, 당장 좋은 물건을 고르기 위해 해야 할 일들과 반드시 짚고 넘어가야 하는 구체적인 체크 리스트가 초보 투자자들에게 실질적으로 필요한 정보라고 생각합니다. 그런 면에서 이 책은 초보자에게 반가운 가이드 라인이 되어줄 것입니다. - lihaisonnew 님

초보 투자자를 위한
14일 부동산 수업

초보 투자자를 위한
14일 부동산 수업

초판1쇄 발행 2022년 3월 19일
초판2쇄 발행 2022년 4월 15일

지은이 행오팅

펴낸 곳 잇 콘
발행인 록 산
편 집 홍민지
디자인 얼앤똘비악
마케팅 프랭크, 릴리제이, 감성 홍피디, 호예든
경영지원 유정은
등 록 2019년 2월 7일 제25100-2019-000022호
주 소 경기도 용인시 기흥구 동백중앙로 191
팩 스 02-6919-1886

ⓒ 행오팅, 2022

ISBN 979-11-90877-56-5   13320

값 18,000원

더 나은 책을 만들기 위한 독자설문에 참여해보세요! 추첨을 통해 선물을 드립니다. (당첨자 발표는 매월 말 잇콘출판사 블로그 참조)

NAVER 잇콘출판사

YouTube 잇콘TV

돈사연

초보 투자자를 위한

14일

행오팅 지음

부동산 수업

그래서 뭐부터 해야 돼요?

"근데 부동산 투자하려면 뭐부터 해야 되는 거예요?"

얼마 전 가족들과 대화를 나누던 중이었습니다. 부동산에 관심을 갖기 시작한 처제가 저에게 이렇게 물었습니다. 이런저런 이야기를 해주다 보니 문득 제가 처음 투자를 시작했던 때의 기억이 떠올랐습니다. 그때 저 스스로 했던 질문도 똑같았습니다. 투자는 하고 싶은데 당장 무엇부터 시작해야 좋은 아파트에 투자할 수 있는지 참 막막했었거든요.

2016년 4월, 200일이 채 안 된 둘째를 안고 다섯 살 첫째의 손을 잡은 온 가족이 처음으로 임장(현장조사)이란 걸 떠났던 때가 생각납니다. 열성적인 부동산 하락론자였고 빚지는 게 무서워서 한 푼이라도 아끼며 악착같이 현금을 모으던 저는 우연히 읽은 몇 권의 책을 계기로 반전 드라마같이 삶의 방향을 바꾸기로 했습니다. 그리고 수많은 초보 투자자들처럼 빨리 뭐라도 사지 않으면 안 되겠다는 불안감을 안고 여기저기 정보를 찾아보기 시작했죠.

당장 부동산 강의를 듣기에는 아무것도 모르는 터라 수십만 원의 강의 비용이 부담스러워 일단 혼자 해보고 싶었습니다. 책도 보고, 경제 신문도 보고, 성공한 투자자들의 경험담도 열심히 읽어보았습니다. 네이버 부동산을 보며 우리 동네와 관심 있는 동네의 시세도 확인해 보고 항간에 떠도는 호재들을 찾아보기도 했습니다. 단지별 전세가율도 찾아보고 매매가와 전세가가 붙은 단지들도 찾아가 보고 부동산에 전화해서 시세를 물어보기도 했습니다.

이런 과정은 기초를 쌓는 데 도움이 되었습니다. 하지만 어떤 물건을 사야 잘 사는 거고, 수익을 낼 수 있는 지는 아무리 해도 확실히 알 수가 없었습니다. 떨어지지 않을 좋은 아파트에 투자를 하라는데 당장 오늘 저녁 퇴근하고 집에 가면 그 좋은 아파트를 고르기 위해 대체 뭘 해야 할지 막막했습니다.

그 당시 많은 고수들이 이야기하는 투자 성공담과 입지나 흐름에 대한 이야기들은 저에게 희망을 주긴 했지만, 손에 잡히지 않는 뜬구름같은 내용이었고 단 한 번도 집을 사보지 못했던 제가 좋은 아파트에 투자하기 위해 지금 당장 무엇부터 시작해야 하는지는 제대로 알려주지 않았습니다.

어쨌든 투자는 꼭 해야 한다고 결심했으니 저는 일단 익숙한 지역에서부터 투자를 시작했습니다. 다른 지역들을 비교해 볼 생각은 하지 못했고, 많이 지나다닌 지역이 살기에도 괜찮아 보이니 막연히 여기도 괜찮지 않을까 하는 생각이 들었거든요.

하지만 아쉽게도 그렇게 선정한 아파트는 제게 인고의 시간을 떠안겼습니다. 매수 이후 잠깐 상승했지만 이후 이어진 하락장에서 제가 고른 단지는 매매가와 전세가가 같이 떨어졌고 잘 팔리지도 않았습니다. 결국 저는 세입자에게 내줄 전세금을 마련하기 위해 애써 모은 투자금의 대부분을 쓰게 되었고 다음 단계로 나가는데 시간을 지체하게 되었습니다.

부동산 초보였던 저에게 가장 필요했던 것은 무엇이었을까요? 심금을 울리는 투자 고수들의 경험담, 다양한 경제기사, 부동산 투자 관련 책, 네이버 부동산 같은 다양한 어플 활용법 등 여러 가지가 있겠지만 투자를 위해 좀 더 필요했던 건 좋은 물건을 고르기 위해 당장 시작해야 할 일을 알려주는 안내서가 아니었을까요? 두리뭉실하게 희망을 주는 이야기가 아니라 당장 지금부터 해나가야 할 일들을 알려주는 그런 안내서 말입니다.

이 책을 보기 시작한 여러분은 아마도 그때의 저와 비슷한 답답함을 느끼고 계신 분이 아닐까 생각합니다. 주변에서 부동산으로 큰돈을 번 사람들이 수도 없이 생겨나고 있으니 조급함에 당장이라도 투자를 하고 싶으시겠죠. 하지만 큰돈이 들어가는 아파트를 대충 샀다가 심한 마음고생과 함께 안 좋은 결과를 만드는 사례 또한 많이 보셨을 겁니다. 그러니 지금 저평가되어있는 아파트를 찾아 그곳에 투자해야 적어도 최소한의 '안전마진'을 갖고 시작할 수 있겠죠.

학창시절 새로운 학년으로 올라갔을 때를 기억하시나요? 처음 배우기 시작할 때 책을 쭉 넘기면 아무것도 모르겠지만 매일매일 수업도 듣고 진도에 따라 문제집도 풀고 예습 복습도 하다 보면 어느새 그 내용을 이해하고 실력이 쌓였던 걸 경험하셨을 겁니다. 마찬가지로 이 책에서는 제가 가이드가 되어 좋은 부동산을 고르기 위해 꼭 필요한 단계를 차근차근 밟아 나갈 수 있도록 도와드리고자 합니다. 그리고 그 내용을 응용해볼 수 있도록 실제로 몇몇 지역들을 비교해서 분석하는 사례도 보여드리겠습니다.

크게 입지와 흐름이라는 두 가지 주제로 나누어 저평가된 부동산을 찾아가는 노하우를 담았습니다. 처음 접하는 내용도 있을 테고 어렴풋이 알고 계섰던 내용도 있을 텐데 14일간의 가이드를 통해 지금 시점에서 제일 저평가된 좋은 아파트를 고르는 방법을 체계적으로 정리하시게 될 겁니다.

인터넷 쇼핑을 할 때 이것저것을 비교해 보며 최저가 물건을 찾는 것처럼 비싼 아파트를 살 때도 같은 원리가 적용된다고 생각하시면 됩니다. 아파트에 투자하기 위한 여러 가지 조건을 비교해 보면서 가장 좋은 조건의 물건을 사는 것! 이 책에서 알려드리는 방법을 잘 활용한다면 처음 시작하는 분들도 본인의 여력 안에서 가장 좋은 아파트를 고를 수 있으리라 생각합니다.

여러 투자 종목 중에서도 부동산, 특히 아파트 투자의 장점은 실물이 있으니 주식이나 코인처럼 0원이 되진 않는다는 점, 그리고 부동산 중에서는 환금성이 가장 좋다는 점입니다. 따라서 처음 부동산 투자를 시작하신다면 아파트 투자를 먼저 고민해보시기를 권합니다. 이 책이 처음 투자를 시작할 때 헤매던 저처럼 힘들어하는 독자 여러분께 도움이 되길 바라며, 앞으로의 14일이 부동산 투자의 기반을 닦는 소중한 시간이 되기를 바랍니다.

행오팅 드림

CONTENTS

CHAPTER
1

투자를
시작하기 전에

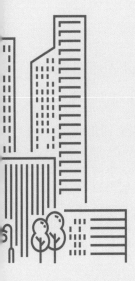

1일 차
투자를 시작해야 하는 이유 찾기

"떨어지면 안 되는데…."

2014년 즈음 제가 다니던 회사 옥상에 올라가서 1층을 바라보며 혼자 넋두리처럼 내뱉은 말이었습니다. 우리나라에서 제법 이름있는 대기업 계열사에 취직도 성공했고, 업무 능력을 인정받고 있었으며 사랑하는 아내와 가정을 꾸려 소중한 첫째 아이를 얻은 다음 겪게 된 일이었습니다.

그 당시 저는 회사에 젊음을 다 바쳐 밤낮, 주말 가리지 않으며 일하고 있었습니다. 틈틈이 받는 야근·특근수당을 모으고 인사평가도 잘 받으면서 월급을 많이 받길 바랐죠. 그 이유는 별다른 게 아니라, 그저 하루가 다르게 올라가는 전세금을 메워야 하기 때문이었습니다.

제가 살고 있던 지역은 한 신도시에 있는 아파트였습니다. 초반 입주장에 운 좋게 저렴한 전세로 들어가는 데 성공했지만 전세가는 쉬지 않고 올라 만기가 다가올 때 즈음에는 입주했을 때보다 1억 원이 더 올라 있었습니다. 2년간 단 한 번도 꺾이지 않고 쭉쭉 올라가는 전세가를 보며 계약이 끝나면 어떻게 해야 할지 막연한 두려움을 느꼈고 전세금을 벌기 위해 지출을 줄이고 회사에 온 시간을 바쳐 일했습니다.

돈을 벌기 위해 희생된 저의 몸과 마음은 회사 안에서 저를 어느 정도 인정받는 자리에 올려주었고 연봉도 제법 오르게 되었습니다. 기분은 좋았지만 현실에서 저희 부부의 외식은 그저 집 앞 김밥집을 애용하던 수준이었고 해외여행은 꿈꾸지도 못했으며 마트에 가면 100원 단위까지 신경 쓰며 장을 보곤 했습니다.

그러던 어느 날, 회사에서 우연히 받은 심리검사에서 저에게 우울증 증세가 있으니 꼭 상담을 받아보라는 결과가 나왔습니다. 상담사는 저에게 '지금 당신을 비롯해 당신 부부의 상태가 상당히 위험하니 지금 제대로 관리하지 않으면 정말 안 좋은 결과가 생길 수 있다'고 하더군요.

그제야 아내가 늘 아기를 돌보느라 힘들다는 이야기를 했던 것이 떠올랐습니다. 또래보다 조금 더 예민한 첫째 아이는 두 돌이 지날 때까지 밤에도 두 시간 넘게 자는 경우가 드물었고, 독박육아에 시달린 아내도 저 못지않게 몸과 마음이 많이 상했던 거죠. 저는 알 수 없는 불안함을 직감적으로 느끼고 있었던 건지 늦게 퇴근하고 집에 갔을 때 집에 아내와 아이가 없으면 혹시라도 무슨 일이 있는 게 아닌가 싶어 저도 모르게 아파트 발코니(베란다)에 나가서 아래를 내려다보았습니다.

상황이 이러했음에도 저는 전세금을 올려주기 위해 돈을 벌어야 했습니다.

하지만 현실적으로 아무리 열심히 모아도 2년 동안 1억 원이라는 전세금을 월급만으로 모으기는 쉽지 않았습니다. 끝내 저희는 1억 원을 마련하지 못했고 2년 뒤 인근 20년이 넘는 구축 복도식 아파트로 이사를 했습니다. 재미있는 건 그 복도식 아파트도 5,000만 원을 더 주고 얻은 전세였다는 거였죠.

정말 힘들었습니다. 이렇게 열심히 일하고 아껴가며 모았는데도 복도식 20평에 전세금을 올려주며 이사를 와야 했고, 돈을 벌기 위해 바친 시간 때문에 아내와 아이들과의 관계에는 금이 가고 있었습니다. 몸과 마음이 피폐해져 가는 것을 온전히 감당하면서까지 돈을 좇았는데 저는 왜 살던 집의 전세금 하나 제대로 올려주지 못했을까요?

아이러니하게도 그런 신혼을 보내면서도 그게 당연하다고 생각하며 정부를 욕했고 집값과 전셋값은 폭락해야 한다는 폭락론자를 적극적으로 옹호했습니다. 이런 현실이 어딘가 이상하다는 생각은 전혀 하지 못했던 거죠. 그렇게 수동적으로 살다 보니 집을 살 생각은 꿈도 꾸지 못했습니다. 집값은 내 월급으로는 당장 감당할 수 없으니 전세금이나 적당히 올려주면서 평생 사는 것도 나쁘지 않다고 생각했고 공공 임대 제도 같은 게 있다고 하니 나라에서 좋은 기회를 준다는 생각에 그곳에 입주할 생각으로 부풀어 있기도 했습니다.

더욱이 당시 부동산 시장이 하락장을 지나는 중이었기 때문에 대출을 받아서 집을 사면 반드시 '하우스푸어'가 될 거라고 생각했습니다. 행여 집을 사더라도 현금을 모아서 사야겠다는 생각을 하기도 했습니다. 서울시와 수도권 부동산 시장에서는 집을 사면 바보라는 소리를 듣던 시절이었죠. 그럼에도 제 주변에서 몇몇 지인들은 전세를 끼고 주변에 아파트를 하나씩 사기도 했고 미분양된 아파트에 입주하는 분들도 있었는데 그런 분들을 보며 마음속으로 저분들 큰일 났다고 생각하며 안타까워하기도 했습니다.

취업 후 4년 정도 지났을 무렵, 처음 입사했을 때에 비해 연봉은 두 배 가까이 올랐지만, 여전히 내 집 마련은 넘을 수 없는 벽이었습니다. 전세나 살자는 마음에 자포자기하는 심정으로 힘겨운 시기를 이어가고 있었습니다.

그러던 어느 날, 핸드폰을 뒤적이다가 재테크 관련 책 몇 권이 눈에 들어왔습니다. 보통은 소설 같은 가벼운 책 외엔 거의 책을 읽지 않았지만, 그날따라 저는 우연히 재테크 관련 책을 보게 되었고, 그 책에는 자본주의 사회와 부동산에 대한 이야기가 담겨 있었습니다. 그리고 그 순간이 바로 힘겹게 살아왔던 제 인생의 방향을 바꾸는 계기가 되었습니다.

그동안 외면하고 있던 사실들을 하나둘씩 받아들이기 시작했습니다. 단순히 월급만 모아서는 절대로 내가 원하는 삶을 살 수 없다는 것, 그리고 내가 원하는 삶을 살기 위해서는 자본주의 사회의 원리에 맞게 나의 근로 소득을 자본소득으로 바꿔야 한다는 것, 대출도 잘 활용하면 나에게 도움이 된다는 것, 생각보다 가격이 폭락하지 않는 집을 살 수 있다는 것을 제대로 알게 되었습니다. 그렇게 내 현실을 바꿀 수 있다는 강한 동기를 마음속 깊이 새기고 나니 그다음은 자연스럽게 흘러갔습니다. 회사에 쏟았던 열정을 부동산 투자로 돌려 지금까지 이어왔습니다.

투자를 본격적으로 시작한 2016년 초부터 지금까지 단 하루도 제대로 쉰적이 없을 정도로 부동산 투자에 집중했습니다. 영상 40도가 넘나드는 여름에 임장을 하다 더위를 먹고 집에 오는 버스에서 반쯤 정신을 잃은 적도 있었고, 영하 20도의 겨울에는 임장 중에 뛰어가다가 다리가 풀려 넘어지는 바람에 크게 다친 적도 있었습니다.

그럼에도 그 시간을 버틸 수 있던 건 저의 미래를 바꿀 수 있다는 굳은 믿음과 점점 가까워지는 목표 때문이었습니다. 회사의 월급에만 매여 앞이 보이지 않는 삶을 살아가던 저에게 부동산 투자는 저축으로는 상상조차 할 수 없는 많은 자산을 가져다 주었습니다. 무엇보다 투자는 제가 스스로 원해서 선택한 길입니다. 그래서인지 월급 때문에 강제로 하던 직장생활에 비해 몸은 힘들어도 훨씬 더 기분 좋게 해나갈 수 있었습니다.

그렇게 투자를 이어 나간지 6년 정도 된 지금, 노후준비를 위해 목표로 했던 금액 이상의 자산을 달성했고 더 이상 월급에만 목매지 않고 노후 걱정 없는 삶을 살고 있습니다. 그리고 그렇게 찾은 여유로운 마음으로 팍팍했던 기억을 내려놓고 주변 사람들을 돌아보며 나누려는 마음을 갖고 살아가게 되었습니다.

지금까지 제가 투자를 시작한 이유와 과정에 대한 이야기를 여러분과 나누었습니다. 그 시절을 돌아보니 저에게는 투자를 해야 할지 말지에 관한 선택의 여지가 없었습니다. 투자가 아니면 도저히 답을 찾을 수 없었으니까요.

자, 이제 여러분의 차례입니다. 여러분은 왜 투자를 하려고 하시나요? 아침마다 억지로 몸을 일으켜 회사에 나가 월급에 매여 살아가는 삶에 만족하시나요? 전세금을 올려주려 매달 가계부를 쓰는 스트레스에 힘들진 않나요? 노후가 제대로 준비되지 않은 사람들을 보며 아무것도 느끼지 못하시나요? 이렇게 월급만으로 살아가는 팍팍한 삶이 정상이라고 생각하시나요?

제가 누구에게도 하지 않은 개인적인 이야기를 구구절절하게 적은 이유는 여러분을 위해서입니다. 투자뿐만 아니라 무슨 일을 하든 그 일을 하려는 이유를 제대로 찾지 못하면 결국 중간에 흐지부지 끝나게 됩니다. 심지어 처음에는 그 누구보다 강한 의지를 갖고 시작하더라도 쉽지 않은 것이 바로 투자입니다.

자산의 규모를 키워가고 싶다면 왜 투자를 해야하는지 진지하게 고민하는 시간이 반드시 있어야 합니다. 만약 어중간한 목표를 가지고 적당한 마음으로 시작한다면 시간만 낭비하다가 제대로 된 성과를 얻지 못한채 끝날 가능성이 크고, 실제로 주변에 그런 분들도 많이 만났습니다. 투자의 첫발을 내딛기에 앞서 투자를 해야 하는 흔들리지 않을 분명한 이유를 꼭 찾아보시길 바랍니다.

또한, 곁에 계신 분과 꼭 함께 상의해 보시면 좋겠습니다. 특히 결혼을 하셨거나 결혼을 앞두고 계신다면 배우자와 대화를 나누시기 바랍니다. 우리 가정에 투자가 필요한 이유에 대해 충분히 공감하고 그다음 단계로 나간다면 투자를 하며 만나게 될 많은 문제를 힘을 합쳐 극복할 수 있을 테니까요. 쉽지 않은 투자의 길을 가는 도중에 내 곁에서 응원해 줄 사람이 한 사람이라도 더 있다면 아무래도 훨씬 더 든든하지 않을까요?

다시 한번 같은 질문을 드리겠습니다. 여러분들은 왜 투자를 하려고 하시나요? 여러분들의 인생에 투자는 왜 필요한가요? 단순히 돈 때문일 수도 있고 더 큰 목표 때문일 수도 있습니다. 어떤 경우든 이 물음에 대해 꼭 생각해보신 뒤 다음 장으로 넘어가시길 바랍니다. 이 질문의 답이 여러분들의 인생을 완전히 바꿀 수 있으니까요.

1일 차 꼭 기억해세요

1. 자본주의 사회에서 월급은 절대 안정된 노후를 보장해 주지 않습니다.

2. 월급에 매이기보다 스스로 자산을 늘려가는 게 훨씬 더 즐겁습니다.

3. 가족, 연인과 함께 투자를 해야 하는 이유를 생각해 봅시다.

4. 누구든 노력하면 분명히 성공적인 투자를 할 수 있습니다.

5. 분명한 동기가 있어야 꾸준히 해나갈 수 있습니다

1일 차 제대로 마무리하기

☐ 목표를 분명히 세우기 위하여 지금 나에게 가장 필요한 것이 무엇인지 고민해 봅시다.

☐ 지금 내 삶에서 불만족스러운 부분을 찾아봅시다.

☐ 어떻게 하면 지금 상황을 바꿀 수 있는지 생각해 봅시다.

☐ 투자가 지금 내 상황을 바꿀 수 있는 방법일지 생각해 봅시다.

입지와 흐름의 이해

"왜 내꺼만 빼고 다 오르지?"

혹시 이런 생각이 들고, 투자에 재능과 운이 없다는 결론과 함께 이번 생은 틀렸다며 포기하려는 마음을 먹은 적이 있으신가요? 도대체 무엇이 잘못된 걸까요? 같은 돈을 넣어 투자했는데 왜 친구가 산 아파트는 쭉쭉 올라가고 내가 산 아파트는 늘 지지부진하고 있는 걸까요?

우리가 입지와 흐름에 대해 공부해야 하는 이유가 바로 여기에 있습니다. 그냥 적당히 괜찮은 지역을 사놓으면 언젠간 올라간다고 판단하고 적당히 투자하면 되지 않을까 생각하셨을지도 모르겠습니다. 물론 이것이 반드시 틀린 생각은 아니지만 기본적으로 투자란 적은 돈으로 큰 수익을 거두는 것이 궁극적인 목적임을 기억해야 합니다.

투자를 시작해야 하는 분명한 이유를 찾으셨다면 이제는 내가 선택한 물건에 대해 꼼꼼히 분석해야 합니다. 이를 위한 가장 기본 단계가 바로 입지와 흐름에 대해 이해하는 것입니다. 구체적인 사례를 들어 살펴보겠습니다.

입지란?

우리나라에서 가장 비싼 지역은 강남구입니다. 강남구는 지금도 수많은 투자자뿐만 아니라 실거주를 원하시는 분들께도 매력적인 국내 최고의 입지이기도 합니다. 여력만 있다면 강남구에 아파트 한 채 갖는 게 많은 사람들의 소망이기도 하죠.

한편 은평구는 강남구에 비해 상대적으로 서울시 외곽에 있는 지역입니다. 만약 여러분에게 1억 원으로 강남구와 은평구 중 어디에 투자할지 물어본다면 많은 분이 강남구를 선택하실 겁니다.

그런데 과연 사람들은 같은 1억 원으로 은평구 대신 강남구에 투자를 했을까요?

실제 사례를 한번 살펴보겠습니다. 강남구 도곡동 한티역 역세권에 역삼래미안이라는 아파트 단지가 있습니다. 아주 최근에 지어진 신축은 아니지만 거주 환경이 괜찮은 아파트입니다.

이 단지의 거래 이력을 '아실(https://asil.kr)'에서 제공하는 실거래 데이터를 통해 추적해보면 2015년 초반 누군가는 이 단지의 24평형을 6억9,000만 원에 매입해서 6억4,000만 원에 전세를 주었습니다. 각종 부대비용 등을 제하고 5,000만 원으로 강남구에서 괜찮은 입지의 아파트에 투자할 수 있었죠.

2021년 실거래가 기준으로 이 아파트는 20억 원까지 거래되었으니 시세 차익은 약 13억 원입니다. 5,000만 원을 투자해서 6년 만에 얻은 이익으로는 상당히 크다고 볼 수 있습니다. 더 중요한 건 2018년 전세금을 7억 원으로 올려 받으면서 전세금이 최초 매입가보다 높아졌기 때문에 더 이상 묶여있는 돈이 없다는 것입니다.

그럼 동일한 시기에 좀 더 외곽에 있는 은평구는 어땠을까요? 비슷한 평

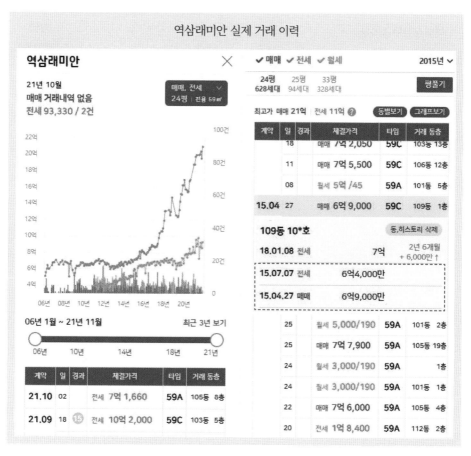

출처 : 아실

형의 은평구 단지를 살펴보겠습니다. 불광역 인근에 북한산현대홈타운이라는 단지가 있습니다. 6호선과 3호선의 더블역세권이고 주변의 불광역 상권도 나쁘지 않습니다.

그럼 이 단지는 2015년으로 돌아간다면 얼마 정도에 투자할 수 있었을까요? 마찬가지로 아실에서 실거래 이력을 살펴보면 2015년 초반 누군가 이 단

북한산현대홈타운 실제 거래 이력

출처 : 아실

지를 3억7,300만 원에 매입해서 3억 원에 전세를 놓아 7,300만 원을 들여 투자한 뒤 현재까지 보유하고 있습니다.

2021년 4월 기준으로 이 단지의 매매 실거래가를 보면 8억5,000만 원에도 거래가 되었으므로 매입한 이후 시세 차익은 약 4억8,000만 원 정도가 됩니다. 투자금 대비 수익이 크지만, 강남구의 수익에 비해서는 아쉬움이 많이 남긴 하네요. 물론 이 단지도 현재 전세 시세는 5억 원대이니 최초 매입가보다 전세가를 더 높게 받는다면 더 이상 투자금이 묶여있지 않아도 되겠지만 같은 시기에 강남구에 비슷한 투자금으로 투자할 수 있었다는 점을 떠올려보면 다시 한번 아쉬움을 감추기 어렵죠.

두 단지 모두 서울시 상승장에서 시세가 많이 올랐지만, 결과적으로 비슷한 투자금을 넣었다는 가정하에 더 많이 상승한 건 역삼래미안이었습니다. 두 단지에 들어간 투자금은 비슷한데 왜 이렇게 큰 차이가 났을까요? 그 이유는 아마도 강남구가 은평구보다 사람들이 좀 더 선호하는 지역이라는 것이 영향을 미쳤을 것입니다. 이를 부동산 투자에서는 '강남구의 입지가 은평구에 비해 더 좋기 때문'이라고 표현합니다.

같은 시기에 상대적으로 입지가 더 좋은 지역을 제대로 구분할 수 있다면 같은 투자금으로도 큰 차이를 만들어낼 수 있습니다. 이것이 바로 우리가 입지를 제대로 분석하고 타 지역과 비교하는 방법을 공부해야 하는 이유입니다.

강남구와 은평구의 투자금 대비 수익률 비교			
	투자금	차익	수익률
역삼래미안	5,000만 원	13억 원	2,600% (26배)
북한산현대홈타운	7,300만 원	4억 8,000만 원	650% (6.5배)

어떤 지역의 입지를 명확한 기준으로 분석해 보고 다른 지역과 비교하면서 상대적으로 더 좋은 입지를 가진 지역이 어딘지를 공부해야 하는 건 부동산 투자에서 가장 기본입니다. 그리고 여러분들이 앞으로 꾸준히 해나가셔야 하는 부분이기도 합니다.

흐름이란?

앞서 살펴본 것처럼 강남구의 입지가 은평구보다 좋았기 때문에 상승장에서 훨씬 더 큰 수익을 가져다줄 수 있었습니다. 그럼 입지가 좋은 지역에 투자하는 건 늘 좋은 선택이라고 할 수 있을까요? 길게 본다면 맞는 이야기일 수 있지만 그 지역의 흐름에 따라 다른 결과를 가져올 수도 있습니다.

방금 살펴본 역삼래미안을 기준으로 한번 살펴보겠습니다. 아실의 실거래가 이력을 토대로 2006~2012년까지 시세 흐름을 살펴보겠습니다. 시세가 큰 변화 없이 비슷한 것 같지만 자세히 보면 최고가 7억 원에서부터 2년 만에 5억 원대까지 하락하기도 했고 다시 7억 원을 찍었다가 얼마 되지 않아 1억 원 정도 떨어진 적도 있습니다.

실제 거래된 사례로 살펴보면 2007년에 6억5,000만 원에 매입한 집을 5년 만에 5,000만 원 손해를 보고 판 사람도 있고 누군가는 2006년에 7억700만 원에 매입한 집을 7년 뒤 5,700만 원 손해를 보고 팔기도 했습니다. 우리나라에서 가장 좋은 입지에 집을 가졌음에도 불구하고 5~7년간 아무런 이익 없이 도리어 손해를 보고 정리해야 하는 경우도 있었던 것이죠. 이 사례 외에도 수많은 분이 입지 좋은 단지를 골랐다가 하락장으로 인해 생각보다 긴 시간 동안 마음고생을 하셨을 겁니다.

분명히 강남구는 우리나라에서 가장 좋은 입지이고 상승장에서 은평구에 비해 훨씬 많은 시세 차익을 남겨주었습니다. 하지만 특정한 시점만 놓고 보면 꽤 오랜 기간 동안 시세 상승이 그리 크지 않았고, 어떤 경우에는 꽤 큰 손실을 안겨주기도 했습니다. 이 시기를 버텼다면 다시 회복했겠지만 입지가 좋은 지역이라고 무조건 많이 오른다고 단정 지을 수는 없습니다. 우리나라 최고 입지인 강남구에서도 흐름에 따라서는 시세가 하락하기도 했으니까요.

역삼래미안 2012~2015년 실거래 이력

✔매매 ✓전세 ✓월세			2012년 ∨
24평 628세대	25평 94세대	33평 328세대	평풀기

최고가 매매 21억 | 전세 11억 ❓ 동별보기 그래프보기

계약	일	경과	체결가격	타입	거래 동층
12.12	13		매매 6억	59C	106동 17층
12.11	01		매매 6억 3,000	59A	109동 13층
12.10	25		매매 6억 4,000	59C	106동 12층
	24		매매 6억 2,000	59A	106동 16층
12.09	01		매매 6억 1,900	59C	101동 9층
12.08	27		매매 6억	59A	110동 3층

110동 30*호   동.히스토리 삭제

16.07.15 월세	5,000만/200만
14.08.04 전세	3억
12.08.27 매매	6억 5년 - 5,000만↓
07.08.28 매매	6억5,000만

✔매매 ✓전세 ✓월세			2013년 ∨
24평 628세대	25평 94세대	33평 328세대	평풀기

최고가 매매 21억 | 전세 11억 ❓ 동별보기 그래프보기

계약	일	경과	체결가격	타입	거래 동층
13.12	24		매매 6억 3,000	59C	103동 6층
	23		매매 6억	59A	110동 1층
	16		매매 6억 5,500	59C	109동 10층
	07		매매 6억 4,000	59A	106동 15층
	04		매매 6억 5,000	59C	104동 14층

104동 140*호   동.히스토리 삭제

15.10.08 월세	3,000만/210만
14.10.31 월세	3,000만/210만
13.12.04 매매	6억5,000만 7년 - 5,700만↓
06.12.16 매매	7억700만

| 13.11 | 29 | | 매매 6억 6,400 | 59C | 101동 14층 |

출처 : 아실

따라서 내가 관심을 가지고 있는 지역이 어떤 흐름에 놓여 있는지도 반드시 생각해 봐야 합니다. 입지가 좋다고 무조건 투자하는 게 아니라 입지가 좋더라도 그 지역이 현재 처해있는 시장의 흐름에 따라 손실이 발생할 수 있다는 사실을 분명히 기억해 주셨으면 좋겠습니다.

2일 차 꼭 기억하세요

1. 비슷한 금액을 투자해도 지역에 따라 결과에는 차이가 있습니다.

2. 두 지역의 차이를 구체적으로 분석하는 것이 중요합니다.

3. 입지만 좋다고 무조건 수익을 볼 수 있는 것은 아닙니다.

4. 입지와 함께 생각해야 하는 건 그 지역의 흐름입니다.

5. 입지가 좋더라도 흐름상 하락장이라면 값이 떨어질 수 있습니다.

6. 입지분석과 흐름을 반드시 함께 살펴봐야 합니다.

2일 차 제대로 마무리하기

☐ 내가 사는 지역에서 제일 좋은 단지는 어디인가요?

☐ 그 단지에 투자하려면 얼마의 투자금이 필요할까요?

☐ 같은 투자금으로 투자할 수 있는 인근 단지 세 곳을 함께 찾아봅시다.

☐ 내가 사는 아파트 시세는 지난 10년간 어떻게 변했는지 찾아봅시다.

부동산 투자의 시작은
입지 분석부터

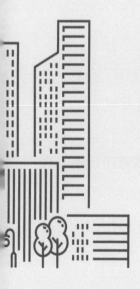

3일 차

입지 이해하기
- 공간구조, 인구, 일자리

공간구조

여러분께서 식당을 운영하는 사장님이라고 가정해 봅시다. 집에서는 컨디션에 따라 같은 요리라도 맛이 매번 달라질 수 있지만, 식당에서 음식을 팔아야 한다면 음식의 맛은 늘 일정해야 합니다.

더욱이 대규모 프랜차이즈일 경우 레시피를 통일하여 어느 지점에서 먹어도 음식 맛이 동일하도록 관리되고 있죠. 레시피에는 음식을 만드는 순서뿐만 아니라 어떤 재료가 들어가는지, 그중에서 비중이 높은 재료는 무엇인지를 알려주는 정보도 들어있으니 그 내용을 토대로 프랜차이즈 점주들은 음식 맛을 동일하게 유지할 수 있습니다.

놀랍게도 우리나라에서 도시 계획을 세울 때 요리를 만드는 레시피를 짜는 것과 비슷한 일을 하고 있다는 걸 아시나요? 맛있는 요리를 만들기 위해 세세한 과정을 레시피로 만드는 것처럼 어느 정도 규모가 있는 도시에는 '도시기본계획'이라는 자료를 만들어서 도시를 만들어갈 방향을 대중에게 공개하고 있습니다. 이 자료를 자세히 보면 이 도시가 어떤 과정을 거쳐 완성될 것인지, 어떤 모양의 결과물이 나올지, 이 도시에 가장 중요한 재료는 무엇일지 큰 그림을 그리며 살펴볼 수 있습니다. 프랜차이즈 점주가 정해진 레시피를 따르듯이 도시를 개발하려는 사람들은 미리 세워진 도시기본계획을 기준으로 사업을 진행합니다.

도시개발이라는 요리를 위해 도시기본계획에서 가장 중요한 재료는 공간구조입니다. 예를 들어서 살펴보겠습니다. 다음 그림은 우리나라의 수도인 서

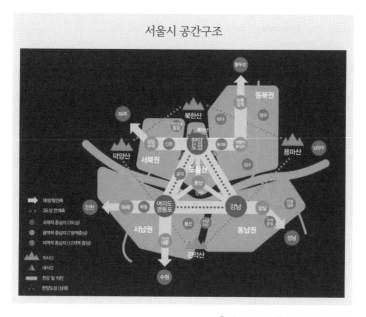

출처 : 2030 서울시 도시기본계획

울시의 공간구조입니다.

서울시의 도심과 광역중심, 지역중심을 나누어서 표시하고 있는데 서울시 세 개 도심은 한양도성(종로, 광화문)과 영등포구 여의도동, 강남구로 지정되어 있습니다. 그리고 그 한가운데에 용산구가 들어가 있습니다. '도심'이라는 단어가 지역의 중심부라는 뜻을 내포하고 있으므로 서울시의 도심에서 가장 가격이 높은 지역이라고도 생각할 수 있겠죠. 따라서 투자로 접근한다면 이런 지역에 먼저 투자하는 게 단순하면서도 좋은 입지를 고를 수 있는 방법이기도 합니다.

추가로 우리나라 제2도시인 부산시도 한번 살펴볼까요? 부산시는 해운대구와 서면, 강서구, 광복동 지역이 도심으로 지정되어 있습니다. 이걸 보면서 부산시에서 상대적으로 가격대가 높은 지역이 어느 곳일지 생각해 볼 수 있겠죠.

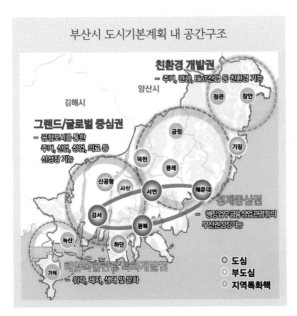

부산시에 대해서 잘 모르더라도 도시기본계획에 있는 공간구조를 보며 해운대구와 서면, 광복동, 강서구 지역의 입지가 상대적으로 다른 지역에 비해 괜찮겠다는 것과 그 외 부도심 지역에도 관심을 가져보면 좋겠다는 정도의 큰 그림을 그릴 수 있게 됩니다.

출처 : 2030년 부산시 도시기본계획

지방 중소도시들도 어느 정도 규모가 있는 지역은 도시기본계획을 대부분 갖고 있습니다. 강원권 거점 도시인 원주시의 경우를 살펴보면 다음과 같이 공간구조와 함께 개발 방향을 수립하고 있는데, 도심과 기업도시를 통해 문막부도심으로 이어지는 방향으로 개발을 계획하고 있다는 걸 알 수 있습니다. 원주시 내 혁신도시도 구조 안에 언급되어 있네요. 이렇게 전체적인 도시의 큰 그림을 그리는 데 도시기본계획과 공간구조를 활용해 볼 수 있습니다.

도시기본계획을 가장 쉽게 찾는 법은 포털사이트에서 'ㅇㅇ시 도시기본계획'을 검색하거나 해당 지역의 지자체 홈페이지 내에서 검색하는 방법이 있습니다. 지자체 홈페이지 접속 후 통합검색란에 '도시기본계획'을 넣으면 쉽게 찾을 수 있습니다.

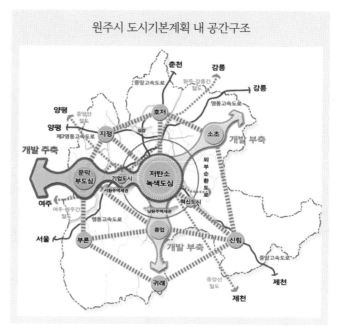

출처 : 원주시 2030 도시기본계획

도시기본계획들은 보통 비슷한 목차로 구성되어 있는데 우리가 주목해야 하는 공간구조는 '공간구조 및 토지이용계획'에 대부분 포함되어있습니다.

인구

① 인구의 규모

도시의 큰 그림을 살펴보는 방법에 대해 알게 되었다면 그다음은 도시의 규모를 결정하는 중요한 요소 중 하나인 인구에 대해서 살펴보겠습니다.

인구수는 입지에 어떤 영향을 주는 걸까요? 예를 한번 들어보겠습니다. 명품백을 사기 위해 이른 아침부터 줄을 서는 '오픈런' 현상을 들어보셨을 겁니다. 가방을 사기 위해 매장 오픈 전부터 줄을 서야만 하는 이유는 아마 명품백을 사고 싶어 하는 사람의 수가 물건의 개수보다 많기 때문일 겁니다. 즉, 오픈런 현상이 일어나려면 명품백처럼 그 물건을 사려는 사람의 수가 물건의 수보다 많아야 합니다. 이른 아침부터 긴 줄을 서서라도 그 물건을 가지려는 욕구가 자연스럽게 표현되는 거죠.

이렇게 명품백을 가지려는 수요가 모여 샤테크(샤넬+재테크)나 루테크(루이비통+재테크) 같은 신조어를 만들어내기도 합니다. 사려는 사람은 많은데 공급은 일정하니 가격이 자연스럽게 올라가게 되는 거죠.

명품백 같은 사치재는 그렇다 치더라도 누구에게나 꼭 필요한 집은 어떨까요? 아파트 역시 사려는 사람의 수가 아파트의 수에 비해 많다면, 경쟁률은 자연스럽게 높아지게 되겠죠. 경쟁률이 높을수록 아파트의 희소성은 더 높아지고 그 결과 가격이 상승할 가능성이 큽니다. 이때, 그 지역에 경쟁하는 사람이 많다는 사실을 객관적으로 보여주는 지표가 바로 인구 규모입니다.

인구 규모에 주목해야 하는 또 다른 이유는 사람들이 많이 모여 살수록 다양한 기반 시설이 생겨나기 때문입니다. 단적인 예로 우리나라에서 가장 사람이 많이 모여 사는 도시인 서울시에는 열 개가 넘는 지하철 노선이 운행되고 있지만, 광역시급인 광주시나 대전시에는 한 개의 노선만 운행 중입니다. 이보다 인구수가 더 적은 지방 도시에는 지하철이라는 시설이 무리 없이 운영될 만한 수요가 부족하다 보니 아직 지하철이 놓이지 않고 있습니다.

백화점이나 스타벅스같이 사람들이 선호하는 상업 시설도 마찬가지입니다. 인구가 많을수록 그 안에서 사람들이 원하는 게 많아지고, 시설도 그 수요에 맞추어 자연스럽게 증가하게 됩니다. 따라서 주택이나 편의시설에 대한 수요를 만드는 가장 기본적인 요소는 인구라고 볼 수 있습니다.

간단히 네이버 지도에서 '스타벅스'만 검색해봐도 강남구에는 수많은 스타벅스 매장이 표시됩니다. 하지만 강원도 원주시는 강원권에서 가장 규모가

강남구(좌)와 원주시(우)의 스타벅스 매장 수 차이

출처 : 네이버 지도

큰 도시임에도 불구하고 강남구와 매장 수의 차이가 있습니다. 그건 아마도 서울시 강남구의 인구와 원주시의 인구 규모의 차이라고도 볼 수 있겠죠. 이와 같이 도시간 인구수를 비교해 보면 어느 도시가 상대적으로 더 큰 수요를 만들어낼 수 있는지 예측할 수 있습니다.

그럼 인구수는 어떻게 알 수 있을까요? 인구수는 우리나라 행정안전부 사이트(https://jumin.mois.go.kr)에서 공식적으로 제공하고 있습니다. 해당 사이트에서는 행정구역별 인구수, 성별 인구수를 포함해서 월간 인구수 변동을 전국 단위지역별로 살펴볼 수 있습니다.

가장 최근 자료를 받아 어느 지역의 인구가 많은지 한번 살펴보겠습니다. 오른쪽의 표를 참고하여 시·도단위로 살펴보면, 우리나라에서 인구가 가장 많은 지역은 경기도입니다. 그 뒤를 서울시와 부산시가 잇고 있으며 경남, 인천시, 경북, 대구시 순으로 인구수가 많습니다.

38쪽 상단의 표를 참고하여 세부적으로 시·군·구 단위를 살펴보면 수원시의 인구가 광역시인 울산시보다 많습니다. 상위 세 개 지역에 경기권 주요 도시들이 들어있습니다. 수치를 따져보니 경기권에는 경남에서 가장 큰 도시인 창원시 크기 도시들이 세 개나 들어와 있고, 충북에서 가장 큰 도시인 청주시 규모의 도시들도 네 개 정도 들어와 있습니다. 표에는 담지 못했지만 서울시 송파구(11위), 강서구(15위) 같은 자치구들이 상위권에 들어와 있는 것으로 보아 서울시와 수도권은 수요가 충분하다고 이해할 수 있습니다.

마지막으로 하단의 표를 참고해 수도권을 제외한 지방만 따로 떼어 보면 지방에서 인구가 가장 많은 도시는 경남 창원시입니다. 이어서 지역별 거점 도시들인 청주시와 천안시, 전주시 등이 이어지고 있습니다.

인구가 많다는 것은 그 지역 아파트에 대한 수요가 많다는 의미입니다. 만

약 새로 지어지는 아파트가 많지 않다면 아파트 수는 한정적이므로 가격은 수요에 따라서 움직이게 됩니다.

인구가 많을수록 그 지역 안에서 가장 선호되는 아파트의 가격이 상승할 수밖에 없는 것이 이런 원리라고 보시면 됩니다. 그래서 도시 간 가장 비싼 아파트끼리 비교해 보면, 인구가 더 많은 지역의 아파트가 더 비싼 경우가 많습니다. 물론 예외적인 경우도 있지만, 기본적으로는 인구 규모에 따라 아파트 시세

시·도별 인구수 순위

행정기관	총인구수	세대수
전국	51,662,290	23,415,533
경기도	13,549,577	5,820,524
서울시	9,532,428	4,422,587
부산시	3,356,311	1,541,975
경상남도	3,318,161	1,503,397
인천시	2,945,009	1,294,158
경상북도	2,627,925	1,273,579
대구시	2,390,721	1,062,993
충청남도	2,118,977	999,286
전라남도	1,834,653	901,203
전라북도	1,789,770	847,406
충청북도	1,596,948	757,980
강원도	1,537,717	743,798
대전시	1,454,228	662,615
광주시	1,442,454	643,841
울산시	1,122,566	481,811
제주특별자치도	676,569	306,741
세종시	368,276	151,639

도 움직인다는 걸 기억하시기 바랍니다.

시별 인구수 상위 10개 지역 (수도권 포함)			
순위	행정기관	총인구수	세대수
1	경기도 수원시	1,185,276	517,044
2	경기도 고양시	1,080,240	455,845
3	경기도 용인시	1,079,609	429,283
4	경상남도 창원시	1,033,729	450,848
5	경기도 성남시	931,319	408,805
6	경기도 화성시	881,154	369,284
7	충청북도 청주시	848,878	385,986
8	경기도 부천시	808,047	346,681
9	경기도 남양주시	729,918	296,706
10	제주특별자치도	676,569	306,741

시별 인구수 상위 10개 지역 (수도권 및 광역시 제외)			
순위	행정기관	총인구수	세대수
1	경상남도 창원시	1,034,705	446,135
2	충청북도 청주시	845,534	379,553
3	충청남도 천안시	657,410	293,164
4	전라북도 전주시	656,755	287,245
5	경상남도 김해시	540,686	224,376
6	경상북도 포항시	504,103	228,898
7	제주특별자치도 제주시	492,168	217,186
8	경상북도 구미시	414,730	181,296
9	강원도 원주시	354,536	161,324
10	경상남도 양산시	353,291	151,169

출처 : 행정안전부 통계자료 (2021년 10월 기준)

② 인구의 이동

다음으로 생각해 볼 부분은 인구의 이동입니다. 사람들은 여러 가지 이유로 다른 지역으로 움직이게 됩니다. 이 움직임을 관찰하여 자신이 주목하고 있는 지역이 인구가 빠져나가는 지역인지, 증가하고 있는 지역인지를 알아보고 그 원인을 생각해 보면서 발전 가능성을 예상할 수 있겠죠. 또한 특정 지역에서 어느 지역으로 인구가 가장 많이 이동하는지를 살펴보고, 인구가 유출되는 지역에 아파트가 많이 들어서는 경우 가격에 영향을 받을 수 있다는 점도 고민해 볼 수 있습니다.

그럼 인구이동은 어디에서 살펴볼 수 있을까요? 우리나라 통계청에서도 해당 내용을 제공해주고 있지만 가장 보기 좋게 정리해주는 사이트는 부동산 관련 빅데이터 분석 사이트인 부동산지인과 호갱노노라고 생각합니다.

먼저 부동산지인(www.aptgin.com)을 활용해서 인구 이동을 살펴보겠습니다. 사이트에 접속해서 상단의 여러 탭 중, 지인빅데이터 탭의 '전출입'으로 들어가 지역을 선택합니다.

예시로 강남구를 선택해 볼 텐데, 기간은 중장기적 흐름을 보기 위해 2년 정도로 설정한 후 검색하시는 것을 권장합니다. 보통 전출·전입은 인근 지역에서 가장 활발하게 일어나는데, 특이사항을 살펴보기 위해서는 순이동을 참고해야 합니다.

강남구에는 서초구와 양천구에서 이주한 사람들이 들어왔고 송파구와 강동구, 하남시 쪽으로 빠져나갔습니다. 특히 양천구에서는 학군을 목적으로 이동했을 가능성도 있어 보입니다. 뒤에 살펴보겠지만 강남구에는 학군 1번지인 대치동이 있어 그곳으로 진입하려는 수요가 나타난다고도 생각할 수 있겠죠. 또한 강남구 개포동 쪽에 제법 대규모로 들어선 신축 단지에 입주한 사례도 있을 것으로 생각합니다.

강남구에서 인구가 유출된 송파구, 강동구, 하남시에도 해당 기간에 신축
공급이 꽤 많이 있었는데 아무래도 강남권에서 거주하다가 좀 더 저렴한 가
격에 새 아파트에 거주하고 싶은 수요가 인구 이동으로 나타나는 것으로 생
각해 볼 수 있습니다. 특히 송파구의 경우 강남구와 인접해 있으면서 대중교
통으로 이동이 용이하고 집값도 조금은 더 저렴한 지역이니 인구 이동이 쉽게

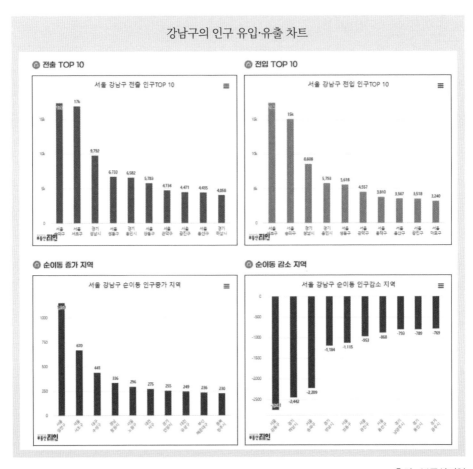

출처 : 부동산지인

일어났다고 생각할 수 있습니다. 이처럼 인구 이동의 원인을 생각해보고 나의 관심 지역과 연계된 지역이 어디일지 고민해보는 것이 인구 이동에 대한 공부입니다.

호갱노노(https://hogangnono.com) 사이트에서는 좀 더 시각화된 자료로 인구 이동을 보여주고 있습니다. 사이트 왼쪽에 '인구'를 눌러 원하는 지역을 선택하고 기간을 2년으로 지정하면 다음과 같이 어디에서 인구가 들어왔으며 어디로 빠져나갔는지를 알 수 있습니다. 결과는 부동산지인에서 살펴본 데이터와 유사하지만 지도상에 표시되어 한눈에 보기 편하다는 장점이 있습니다.

일자리

3일 차 마지막 주제는 일자리입니다. 만약 여러분이 두 회사에서 합격 통

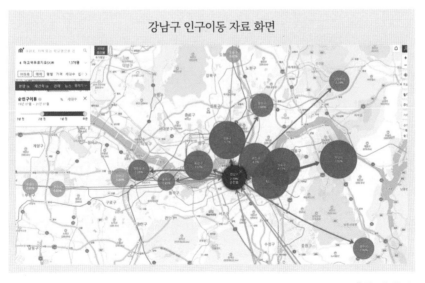

강남구 인구이동 자료 화면

출처 : 호갱노노

보를 받은 채용예정자라고 가정해 봅시다.

두 회사 모두 주 5일 근무로 일과 삶의 균형을 중시하는 분위기이며 연봉 5,000만 원을 보장한다고 합니다. 하지만 두 회사의 위치에 약간 차이가 있습니다. 한 회사는 출퇴근에 왕복 세 시간을 써야 하지만 다른 회사는 왕복 한 시간이면 출퇴근이 가능합니다. 이런 경우 여러분은 어떤 회사를 선택하실 건가요? 연봉도 중요하지만 내가 거주하고 있는 지역에서 가까운 일자리를 선택할 가능성도 꽤 높죠. 아침부터 꽉 막힌 출퇴근길이나 빽빽한 지하철에 시달리는 고통을 아는 직장인이라면 이 부분에 상당히 공감하시리라 생각합니다.

사람에게 가장 중요한 문제는 결국 먹고사는 것일 텐데 일자리는 그 부분에 가장 큰 영향을 미치는 요소입니다. 만약 자신이 사는 지역 인근에 만족할 만한 연봉의 일자리가 많고 그중 한 곳에 취업할 수 있다면 쉽게 다른 지역으로 이주하기는 어려울 것입니다. 거주하는 지역에서 출퇴근도 편하고 아이들을 키우며 안정적인 주거 만족을 누릴 수 있으니까요. 인근에 규모가 큰 일자리가 많고 살기 괜찮은 지역이라면 사람들이 많이 모여들 수밖에 없고, 이런 곳의 아파트가 가장 먼저 관심을 받게 됩니다. 직장과 주거지가 가깝다는 의미의 '직주근접'이라는 용어가 그래서 나타나게 되었습니다.

그럼, 사람들이 몰리는 일자리와 관련된 정보를 어떻게 알 수 있을까요? 우리나라 통계청에서는 일자리의 규모와 질을 쉽게 찾아볼 수 있도록 다양한 데이터를 제공하고 있습니다. 세부적으로 살펴보면 정말 많은 내용을 찾아볼 수 있지만, 대표적으로 몇 가지 데이터만 살펴보겠습니다.

자료는 국가통계포털(https://kosis.kr) 사이트에서 찾아볼 수 있습니다. 이번 시간에 살펴볼 일자리 관련 요소는 전체 사업체 수와 종사자 수, 그리고 일자리 규모별 종사자 수입니다. 용어가 약간 어렵게 느껴질 수 있지만 천천히 살펴보면 그리 어렵지 않으실 겁니다.

① 전체 사업체 수와 종사자 수

첫째로 알아볼 것은 전체 사업체 수와 종사자 수입니다. 사업체는 회사를, 종사자는 직원을 의미합니다. 국가통계포털 사이트에 접속 후 '국내통계'를 선택하고 '주제별 통계'에서 '노동'으로 들어가면 '사업체노동실태현황' 항목이 있습니다. 여기에서 '시·도별, 산업별, 규모별 사업체 수 및 종사자 수'를 선택하면 다음과 같은 표가 뜨면서 우리나라 시·도단위의 사업체 수와 종사자 수를 확인할 수 있습니다.

시·도별 사업체 수와 종사자 수 확인 화면

⊙ 자료갱신일: 2021-05-21 / 수록기간: 년 2017 ~ 2019 / 자료문의처 : 044-202-7241 / 기능문의: KOSIS Q&A 게시판

일괄설정 ◆   항목[4/4]   시도별(17개)[18/18]   산업분류별[1/177]   규모별[1/11]   시점[1/3]

🗐 새창보기   🗐 주석정보   GO 주소정보   🗐 행렬전환   🗐 분석   ⊙ 차트   🗐 부가기능설정

시도별(17개)	산업분류별	규모별	2019 사업체수 (개)	총종사자수_계 (명)	총종사자수_남자 (명)	총종사자수_여자 (명)
전국	전체	전규모	2,146,156	18,743,650	10,819,330	7,924,320
서울특별시	전체	전규모	455,160	4,574,965	2,527,406	2,047,559
부산광역시	전체	전규모	147,715	1,196,973	663,416	533,557
대구광역시	전체	전규모	98,972	763,941	421,855	348,086
인천광역시	전체	전규모	104,512	896,246	506,421	389,825
광주광역시	전체	전규모	64,727	519,408	285,708	233,700
대전광역시	전체	전규모	59,585	508,524	281,914	226,610
울산광역시	전체	전규모	42,153	446,020	293,234	152,786
세종특별자치시	전체	전규모	10,292	85,296	48,045	37,251
경기도	전체	전규모	530,438	4,526,766	2,684,924	1,841,842
강원도	전체	전규모	65,701	484,797	269,068	215,729
충청북도	전체	전규모	65,263	592,661	360,571	232,090
충청남도	전체	전규모	86,455	784,919	487,688	297,231
전라북도	전체	전규모	71,781	544,787	303,296	241,491
전라남도	전체	전규모	73,196	573,291	342,927	230,364
경상북도	전체	전규모	104,466	890,715	545,024	345,691
경상남도	전체	전규모	133,988	1,133,175	685,506	447,669
제주특별자치도	전체	전규모	31,752	215,166	112,327	102,839

출처 : 국가통계포털

현 시점에서 가장 최근 자료는 2021년 5월에 올라온 2019년 자료입니다. 이것을 참고하면, 우리나라에서 사업체 수가 가장 많은 지역은 경기도이고 그 다음이 서울시라는 것을 확인할 수 있습니다. 두 지역의 사업체 수를 합치면 전체의 46%로 상당히 많은 일자리가 수도권에 모여 있다는 사실을 알 수 있습니다.

지방에서는 부산시와 경남 쪽 일자리가 상대적으로 많은 편입니다. 그 외에는 경북, 대구시 순이며 도시별 인구 규모와 비슷한 경향을 보이고 있습니다. 앞서 언급한 것처럼 인구가 많아지면 자연스럽게 일자리가 많아지게 되고 그러면 다시 사람들이 모여드는 선순환이 일어나는 것으로 생각해 볼 수 있겠죠. 총종사자 수도 같이 살펴보면 약간의 변동은 있지만 사업체 수와 거의 비례하는 것으로 나타납니다. 사업체 수가 많으면 아무래도 근무하는 직원들의 수도 늘어날 테니까요.

② 일자리의 규모에 따른 종사자 수

전체적인 사업체 수와 총종사자 수를 파악했다면 사업체의 규모에 따른 종사자 수도 함께 확인해야 합니다. 사업체의 규모별로 일자리의 질적인 수준이 달라질 텐데 전체 규모만 확인해서는 질적인 차이가 분명히 드러나지 않기 때문입니다.

예를 들어 어떤 동네에는 편의점 100개가 있고 편의점마다 아르바이트 직원이 한 명씩 근무해 총 100명이 일한다고 합시다. 반면에 옆동네에는 편의점 대신 대형마트 하나가 있는데 이곳에 100명이 근무한다고 합시다. 둘 중에 어느 곳의 일자리가 더 양질이라고 할 수 있을까요? 똑같이 100명이 일하는 지역이지만 일자리의 질은 아무래도 대형마트가 더 높다고 볼 수 있습니다. 이런 차이를 확인하기 위해 어느 회사에 몇 명의 임직원이 일하고 있는지를 확인하는 작업이 필요한 것이죠.

이 데이터도 국가통계포털에서 찾을 수 있습니다. 처음 사업체 수와 종사자 수를 찾았던 항목에서 '시·군·구별(8개 시), 산업별, 규모별 사업체 수 및 종사자 수(성별)'와 '시·군·구별(9개 도), 산업별, 규모별 사업체 수 및 종사자 수(성별)'를 선택해서 내용을 조회해 봅시다. 항목이 여러 개 있는데 다 살펴보는 것도 좋지만 지금 가장 필요한 데이터는 지역별 일자리 규모이니 이걸 타깃으로 살펴보겠습니다. 다음과 같이 선택하고 '통계표조회'를 누르면 지역별, 산업별, 규모별로 사업체 수와 총종사자 수 등 다양한 데이터를 확인할 수 있는데, 이 데이터를 엑셀 파일로 다운로드 받아서 필요한 부분만 발췌하여 보기 좋게 바꾸어 보았습니다.

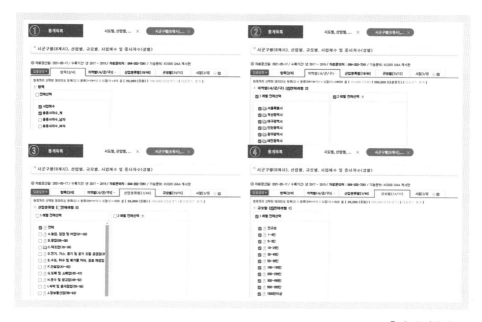

출처 : 국가통계포털

서울시 강북구, 강서구, 강남구의 사업체 규모별 종사자수

지역별(시군구)	규모별	사업체수 (개)	총종사자수 (명)
서울시 강남구	전규모	53,831	679,558
	1~4인	30,585	78,246
	5~9인	12,649	79,234
	10~29인	7,286	113,649
	30~49인	1,390	51,956
	50~99인	1,023	70,108
	100~199인	506	69,876
	200~299인	167	40,486
	300~499인	113	42,476
	500~999인	70	49,540
	1,000인 이상	42	83,987
서울시 강서구	전규모	20,903	227,054
	1~4인	12,427	33,184
	5~9인	5,156	32,590
	10~29인	2,483	37,955
	30~49인	373	13,933
	50~99인	238	16,581
	100~199인	131	17,277
	200~299인	35	8,359
	300~499인	31	11,411
	500~999인	14	9,376
	1,000인 이상	15	46,388
서울시 강북구	전규모	7,912	54,653
	1~4인	4,909	13,573
	5~9인	2,000	12,590
	10~29인	769	11,539
	30~49인	119	4,551
	50~99인	71	4,777
	100~199인	32	4,033
	200~299인	7	1,631
	300~499인	4	1,309
	500~999인	1	650
	1,000인 이상	0	0

대표적으로 서울시와 지방의 몇몇 사례들을 살펴보겠습니다. 강남구는 500~999명이 근무하는 사업체 수가 70개이고 1,000명 이상이 근무하는 사업체 수가 42개입니다. 근무 인원이 500명 이상이라면 규모가 큰 기업이라고 할 수 있는데, 강남구에는 이런 기업들이 상대적으로 많이 있다는 것을 다른 구와의 비교를 통해 간접적으로 알 수 있습니다.

강서구는 500인 이상의 일자리가 29개입니다. 그렇다면 강서구는 자체 출퇴근 수요와 주요 도심으로 출퇴근하는 수요 모두 있으리라 생각할 수 있습니다.

마지막으로 강북구에는 500명 이상 근무하고 있는 사업체가 한 개밖에 없으니 타 지역으로 출퇴근하는 인구가 많을 것이라 생각할 수 있는데, 그러면 일자리가 많은 지역으로 이동하기 쉬운 역세권 아파트부터 수요가 몰릴 것이라고 생각해 볼 수 있겠죠. 이런 점으로 미루어볼 때, 서울시에서는 이렇게 일자리가 풍부한 지역으로의 접근성이 입지에 많은 영향을 미친다는 것을 알 수 있습니다.

지방에서는 충청권 대표도시인 청주시와 원주시, 충주시를 비교해보겠습니다. 48쪽의 표를 보면, 청주시에는 500명 이상이 근무하는 사업체가 열여덟 곳이고 1,000명 이상이 근무하는 사업체도 여덟 곳이나 됩니다. 중간에 있는 원주시에는 500명 이상 근무하는 사업체 숫자가 열두 곳으로, 동일한 규모의 사업체가 두 군데인 충주시보다는 좀 더 많습니다.

앞서 살펴본 인구수 자료와 일자리 자료를 바탕으로 비교해 보면, 충주시에 비해 원주시나 청주시의 입지가 전체적으로 더 좋다고 이야기할 수 있겠죠.

3일 차에는 조금 많은 내용을 살펴봤습니다. 도시 전체의 큰 그림을 살펴볼 수 있는 도시기본계획과 공간구조를 찾아보고 해석하는 법, 인구수의 의

지역별(시·군·구)	규모별	사업체수 (개)	총종사자수 (명)
	청주시, 원주시, 충주시의 사업체 규모별 종사자수		
청주시	전규모	31,771	288,426
	1~4인	19,583	52,992
	5~9인	7,347	46,572
	10~29인	3,543	55,403
	30~49인	572	21,554
	50~99인	448	30,671
	100~199인	177	24,756
	200~299인	42	10,184
	300~499인	33	11,949
	500~999인	18	11,815
	1,000인 이상	8	22,530
원주시	전규모	14,896	126,106
	1~4인	9,103	24,427
	5~9인	3,556	22,332
	10~29인	1,665	26,033
	30~49인	288	10,777
	50~99인	193	13,102
	100~199인	56	7,382
	200~299인	11	2,583
	300~499인	12	4,476
	500~999인	8	5,601
	1,000인 이상	4	9,393
충주시	전규모	9,406	76,751
	1~4인	5,959	16,300
	5~9인	2,044	12,954
	10~29인	982	15,299
	30~49인	212	8,000
	50~99인	129	8,869
	100~199인	57	7,568
	200~299인	12	2,848
	300~499인	9	3,417
	500~999인	2	1,496
	1,000인 이상	0	0

미와 인구 이동으로 살펴볼 수 있는 부분들, 마지막으로 일자리의 양과 질을 찾아서 비교하는 방법이었습니다.

내용이 많고 복잡할 수 있지만, 큰 그림을 그리는 것부터 시작해서 주요 데이터들을 정리해 보면 많은 도움이 되리라 생각합니다. 책에서 예시로 다룬 것처럼 관심 있는 세 개 지역을 선정하신 다음, 그 지역을 기준으로 마지막 단계까지 쭉 따라가시기 바랍니다.

3일 차 꼭 기억해요

1. 도시의 큰 그림은 도시기본계획에 자세히 나와 있습니다.
2. 도시기본계획 내 공간구조에서 지역 내 도심을 알 수 있습니다.
3. 많은 인구는 많은 수요를 발생시켜 인프라를 만들어냅니다.
4. 도시의 규모를 비교할 때 인구의 규모를 우선 비교해 봅시다.
5. 타 지역 간 인구 이동을 보며 그 현상에 담긴 의미를 해석해 봅시다.
6. 인구 이동은 인근 지역 간, 집값이 저렴한 지역 방향으로 활발히 일어납니다.
7. 지역 내 전체 종사자 수, 사업체 규모에 따른 종사자 수를 비교하며
   일자리의 양과 질을 살펴봅시다.

3일 차 제대로 마무리하기

☐ 앞으로 분석할 지역 세 개를 선택합니다. 서울시와 수도권 또는 지방으로 나누어

   비교해 보는 게 좋습니다. 가장 쉽게는 내가 사는 지역에 두 개 정도를 더해봅니다.

☐ 선정한 세 지역의 공간구조에서 도심과 개발 방향을 찾아봅시다.

☐ 세 지역의 인구수와 그년간 순유출·유입 인구를 정리해 봅시다.

☐ 사업체, 종사자 수와 500명 이상 사업체 수를 정리해 봅시다.

4일 차

입지 이해하기
– 돈, 학군

　3일 차를 잘 넘기신 여러분! 이제 4일 차입니다. 4일 차에서 다룰 주제는 돈과 학군입니다.

　직장인에게 월급이 충분한 경우는 그리 많지 않지만, 여러분의 월급이 쓰고도 남을 만큼 충분하다고 상상해 봅시다. 여러분은 어디에서 살고 싶으신가요? 아마도 우리나라에서, 혹은 본인이 거주하고 있는 지역에서 가장 좋은 곳을 떠올리셨을 겁니다. 지금 그곳에는 누가 살고 있을까요? 아마도 소득이 상당히 높은 사람들이 살고 있겠죠. 그곳의 집값은 어떤가요? 여러분의 예상대로 그 근방에서 가장 비쌀 겁니다. 선호도가 높은 지역의 집값과 현재 그곳에 살고 있는 사람들의 소득에는 어떤 상관관계가 있을까요? 지금부터 자세히 살펴보겠습니다.

돈

돈이란 무언가를 구매하기 위해 꼭 필요한 요소이면서 특히 자본주의 사회에서는 더더욱 중요한 요소입니다. 돈이 많으면 값이 나가는 물건을 조금 더 쉽게 살 수 있죠. 예를 들어 월급이 300만 원인 사람과 3,000만 원인 사람이 각각 자동차를 구매한다면 아무래도 소득이 높은 사람이 비싼 차를 망설임 없이 선택할 수 있을 테니까요. 소득이 높은 사람들은 거주비용에도 상대적으로 더 많은 돈을 사용할 수 있을 거라고 짐작할 수 있습니다. 그렇다면 특정 지역에 거주하고 있는 사람들의 소득을 비교해보면 지역 간 입지 비교가 가능하지 않을까요?

소득 수준 외에도 돈과 관련지어 하나 더 생각해 볼 부분은 돈의 양입니다. 여러분이 다니는 회사는 여러분의 노동력을 빌려서 많은 일을 합니다. 이익을 내기 위한 사업도 하고 구내식당을 운영하고 지역사회에 좋은 일도 합니다. 그밖에도 청소 업체와 보안 업체를 이용하는 등 건물을 유지하기 위한 다양한 일을 하죠. 따라서 회사가 많을수록 그 지역에서 회사가 쓰는 돈은 점점 더 많아질 수밖에 없습니다.

지역 안에서 다양한 소비와 지출을 통해 생산되는 재화를 돈으로 환산했을 때, 그 규모가 클수록 지역 경제 활동이 활발하다고 생각할 수 있습니다. 경제 활동이 활발할수록 그 지역 안에서 다양한 방식으로 돈의 흐름이 생기게 되고 결국 지역의 부동산 가격을 전체적으로 상승시킬 수 있는 계기를 만들 수 있습니다.

말씀드린 내용을 중심으로 지금부터 '돈'이라는 요소를 크게 두 가지 측면으로 살펴보겠습니다. 첫째는 거주민들의 근로 소득이고, 둘째는 지역내총생산입니다.

① 지역 내 거주민들의 근로 소득

먼저 거주민들의 근로 소득부터 살펴볼까요? 전체적인 지역 간 비교를 위해 국세청 통계사이트 연말정산 자료를 참고하여 시·군·구 단위 근로 소득을 살펴보고, 상권정보시스템 자료를 이용하여 동 단위 소득을 살펴보겠습니다.

국세청 통계사이트인 국세통계포털(https://tasis.nts.go.kr) 홈페이지 내 '자료실' 탭에서 '통계간행물'을 선택합니다. 통계연보는 매년 새로운 간행물이 나오고 있으니 분석을 하는 시점에서 가장 최근 자료를 사용하시면 되는데, 전년도 대비 증감을 보며 근로 소득이 늘어난 지역과 줄어든 지역을 같이 보는 것도 도움이 됩니다.

이번 장에서는 2019년과 2020년 자료를 비교해 보겠습니다. 제목 아래쪽 'EXCEL' 아이콘을 눌러 다운로드 받으면 압축파일이 하나 나오는데 많은 엑셀 파일이 들어있습니다. 우리가 주목할 것은 특정 지역에 거주하고 있는 인구의 연말정산 기준 근로 소득이니 '4-2-15. 시·군·구별 근로 소득 연말정산 신고현황(주소지)'을 기준으로 해서 살펴보겠습니다.

2019년과 2020년도 파일을 받아서 과세대상근로소득과 인원 부분을 따로 뗍니다. 자료에는 전체 인원과 총 금액만 나와있으니, 총 금액을 전체 인원으로 나누면 다음 표와 같이 1인당 금액을 계산해볼 수 있습니다.

총 246개 지역 중 상위 10%에 해당하는 25개 지역만 먼저 살펴보겠습니다. 전국 시·군·구가 모두 포함되어 있다 보니 구 단위 지역과 함께 시 규모 지역도 같이 들어가 있다는 점을 감안해서 살펴보시기 바랍니다.

상위 지역에는 강남 3구와 용산구, 과천시, 분당구와 판교가 속한 성남시, 마포구 등이 포함되어 있습니다. 그 외에 대구시 수성구나 인천시 연수구,

순위	지역	인원 (명)	2019년 (만원)	2020년 (만원)	증감 (만원)
	상위 25개 지역의 연말정산 기준 근로 소득 및 2019년 대비 2020년 증감폭				
1	강남구	209,653	6,964	7,120	156
2	서초구	168,901	6,901	7,118	216
3	용산구	92,859	5,885	6,270	386
4	과천시	24,757	5,515	5,764	249
5	송파구	280,758	4,893	5,059	166
6	종로구	52,689	4,763	4,870	108
7	성남시	386,583	4,659	4,795	137
8	마포구	156,129	4,479	4,673	195
9	울산시 북구	87,723	4,571	4,649	78
10	수성구	137,431	4,519	4,632	113
11	서울시 중구	47,280	4,489	4,620	132
12	울산시 남구	120,003	4,582	4,617	35
13	성동구	117,651	4,449	4,616	168
14	유성구	143,730	4,580	4,594	14
15	양천구	175,717	4,440	4,577	137
16	용인시	422,411	4,475	4,556	81
17	계룡시	15,329	4,523	4,527	4
18	연수구	157,315	4,330	4,442	112
19	세종시	143,648	4,292	4,422	130
20	울산시	427,549	4,324	4,373	49
21	해운대구	136,706	4,230	4,345	115
22	울산중구	77,069	4,255	4,331	76
23	영등포구	170,948	4,164	4,328	164
24	화성시	382,446	4,346	4,317	−29
25	서울시	3,845,841	4,148	4,285	137

출처 : 국세통계포털, (인원은 2019년 기준)

울산시 남구, 대전시 유성구, 부산시 해운대구 등 광역시급 도시 안에 있는 지역에도 근로 소득이 높은 사람들이 많이 모여 살고 있습니다.

하위 10% 지역도 살펴보겠습니다. 하위권에도 광역시급 지역들이 들어가

순위	지역	인원 (명)	2019년 (만원)	2020년 (만원)	증감 (만원)
222	대전 동구	73,886	2,860	2,960	100
223	영도구	35,413	2,892	2,949	57
224	해남군	15,337	2,907	2,947	40
225	고흥군	12,329	2,897	2,947	50
226	고성군	13,147	2,902	2,942	39
227	영암군	18,152	2,825	2,937	113
228	부여군	16,198	2,824	2,935	111
229	고령군	9,085	2,813	2,932	118
230	양주시	86,200	2,809	2,929	120
231	강북구	105,025	2,818	2,928	110
232	보은군	8,766	2,909	2,922	13
233	부안군	12,395	2,808	2,911	102
234	사상구	78,534	2,833	2,902	69
235	미추홀구(남구)	149,099	2,815	2,898	84
236	영덕군	7,549	2,799	2,886	87
237	청송군	5,570	2,899	2,879	−19
238	부산시 동구	29,570	2,766	2,864	98
239	김제시	22,560	2,790	2,844	54
240	대구 남구	43,371	2,740	2,823	82
241	의성군	10,966	2,759	2,805	46
242	동두천시	32,209	2,680	2,785	105
243	성주군	11,254	2,718	2,784	66
244	포천시	59,835	2,650	2,775	125
245	대구 서구	52,784	2,510	2,598	88
246	부산시 중구	13,493	2,479	2,540	62

하위 25개 지역의 연말정산 기준 근로 소득 및 2019년 대비 2020년 증감폭

출처 : 국세통계포털, (인원은 2019년 기준)

있는데, 이 해당 지역들은 광역시급 도시 안에서도 상대적으로 주거지역으로 선호도가 떨어지는 지역이기도 합니다. 전체적으로 살펴보면 규모가 작은 지방 소도시들이 많이 들어와 있는데 상위 10% 지역과는 차이가 납니다.

순위	지역	인원 (명)	인당 소득 (만원)	지역 평단가 (만원)
1	강남구	209,653	7,120	6,457
2	서초구	168,901	7,118	5,929
3	용산구	92,859	6,270	4,612
4	송파구	280,758	5,059	5,114
5	종로구	52,689	4,870	3,388
6	마포구	156,129	4,673	3,974
7	중구	47,280	4,620	3,535
8	성동구	117,651	4,616	4,178
9	양천구	175,717	4,577	3,987
10	영등포구	170,948	4,328	3,599
11	서대문구	121,106	4,114	3,062
12	동작구	163,292	4,080	3,596
13	강동구	183,833	4,051	3,842
14	성북구	155,845	3,935	2,801
15	광진구	145,629	3,773	3,897
16	노원구	191,248	3,768	2,706
17	강서구	245,495	3,739	2,918
18	동대문구	125,149	3,482	2,958
19	구로구	171,843	3,476	2,524
20	은평구	183,936	3,449	2,584
21	도봉구	118,771	3,197	2,319
22	관악구	217,483	3,157	2,695
23	중랑구	145,667	3,032	2,235
24	금천구	98,934	3,006	2,310
25	강북구	105,025	2,928	2,362

서울시 25개 구의 2020년 연말정산 기준 근로 소득 및 지역 평단가 비교

출처 : 국세통계포털, (인원은 2019년 기준)

그럼 과연 거주민의 근로 소득이 높은 지역이 집값도 비쌀까요? 앞서 찾아본 개인별 근로 소득으로 순위를 매긴 다음 그 지역의 평단가를 넣어서 비교해 보겠습니다. 서울시 기준 지역 평단가는 KB부동산(https://kbland.kr)에서 확인할 수 있습니다.

왼쪽의 표는 KB부동산에서 평단가를, 국가통계포털에서 소득 자료를 각각 가져와 하나로 합친 표입니다. 대표적으로 서울시 25개 구의 지역별 소득과 지역별 평단가를 함께 살펴보면 전반적으로 비싼 지역일수록 근로 소득도 높은 경향을 보입니다. 물론 연식이나 지역 내 아파트 밀집도 등 단지별로 평단가의 차이가 있을 수 있지만, 전체적으로 지역 내 입지를 비교할 때 이렇게 소득을 기준으로 지역 간 비교가 가능합니다.

강남구는 인당 소득과 평단가가 모두 서울시 1위 입니다. 100%는 아니지만 그 외의 지역도 소득과 평단가의 순위가 대체로 일치하는 것을 확인할 수 있습니다.

다음은 동 단위 비교입니다. 구 안에서도 어느 동에 소득이 높은 사람들이 모여 사는지도 확인해 봐야겠죠. 이를 확인하기 위해서는 소상공인을 위한 상권정보사이트(https://sg.sbiz.or.kr/godo/index.sg)를 이용합니다.

이 사이트에서는 동 단위의 근로 소득 자료를 제공하고 있습니다. 동별 소득을 보기 위해서는 '상세분석'을 활용해야 하는데 이 기능은 회원가입을 해야 합니다. 회원가입은 무료이니 가입하시는 것을 추천드립니다. '상세분석'을 누르면 업종을 선택하는 화면이 나옵니다.

적당한 업종을 선택한 뒤 지도에서 아무 곳이나 클릭하면 상권분석 → 다각을 선택할 수 있는데, 여기에서 분석을 원하는 지역을 다각형으로 선택할 수 있습니다. 지역을 너무 넓게 설정하거나 행정구역에서 벗어나는 지역을 선택하는 경우 제대로 분석이 되지 않을 수 있으니 주의합니다.

아래와 같은 화면이 나오면 성공입니다. 여기에서 '소득·소비' 탭으로 들

어가 보면 선택한 영역을 포함한 인근 동 단위 소득을 확인할 수 있습니다.

소득과 소비에 대한 여러 가지 정보들이 나오는데 그중에서 우리가 살펴볼 부분은 그 지역에 살고 있는 사람들의 소득입니다. 이 부분은 주거 인구소득으로 알아볼 수 있습니다. 제가 예시로 선택한 종로구 인근의 주거 인구 소득은 아래의 표와 같이 명동, 소공동, 사직동에서 상대적으로 높게 나타났습니다.

참고로 월 소득 400만 원 정도면 높은 수준인데 서울시 도심권에 거주하는 사람들의 소득은 이 정도 되는구나 하고 감을 잡아보시면 됩니다. 이렇게 동별 소득과 앞서 살펴본 구 단위 근로 소득 자료를 연계해서 그 지역에 거주하는 사람들의 소득 수준이 어느 정도인지 알 수 있습니다.

소득을 기준으로 지역 간 비교를 하는 경우에는 소득이 가장 높은 지역을

종로구 인근 동 단위 주거 인구 소득				(단위 : 만 원)
행정동	주거 인구 소득		직장 인구 소득	
	2020년 하반기	2021년 상반기	2020년 하반기	2021년 상반기
종로1·2·3·4가동	342~398	346~402	363~421	366~426
교남동	371~431	376~436	339~395	343~399
필동	315~367	320~372	321~373	324~376
광희동	317~369	320~372	316~368	320~372
명동	391~455	395~459	380~442	385~447
장충동	300~348	302~352	322~374	326~378
을지로동	307~357	311~361	309~359	312~362
소공동	418~486	423~491	376~436	380~442
중림동	362~420	366~426	314~364	317~369
남영동	334~388	339~393	331~385	335~389
충현동	316~368	320~372	347~403	351~407
회현동	375~435	378~440	358~416	363~421
사직동	396~460	400~464	380~442	385~447
청파동	305~355	309~359	317~369	321~373
후암동	326~378	329~383	313~363	316~368

명동과 소공동, 사직동의 주거 인구 소득이 높다.

강남구 동별 주거 인구 소득

(단위 : 만 원)

행정동	주거 인구 소득		직장 인구 소득	
	2020년 하반기	2021년 상반기	2020년 하반기	2021년 상반기
역삼2동	430~500	435~505	339~393	342~398
도곡1동	443~515	448~520	350~406	353~411
논현2동	368~428	373~433	326~378	329~383
개포1동	398~462	402~468	340~396	344~400
압구정동	460~534	465~541	318~370	322~374
역삼1동	337~391	341~397	344~400	348~404
도곡2동	491~571	497~577	360~418	364~424
논현1동	326~378	329~383	314~364	316~368
청담동	435~505	440~512	320~372	323~375
서초2동	417~485	422~490	378~440	382~444
개포4동	359~417	363~421	316~368	320~372
양재1동	377~439	382~444	356~414	360~418
삼성1동	438~508	442~514	352~408	355~413
대치1동	536~624	541~629	348~404	352~408
대치4동	368~428	373~433	355~413	359~417
삼성2동	414~482	419~487	327~381	331~385

강서구 동별 주거 인구 소득

(단위 : 만 원)

행정동	주거 인구 소득		직장 인구 소득	
	2020년 하반기	2021년 상반기	2020년 하반기	2021년 상반기
가양2동	295~343	298~346	294~342	297~345
공항동	310~360	314~364	383~445	388~450
우장산동	360~418	364~424	307~357	311~361
방화1동	316~368	320~372	315~367	319~371
염창동	366~426	370~430	323~375	327~379
화곡6동	309~359	313~363	308~358	312~362
방화2동	290~336	292~340	302~350	304~354
발산동	322~374	326~378	303~353	307~357
가양동	333~387	337~391	365~425	370~430
가양3동	298~346	301~349	309~359	313~363
등촌2동	325~377	329~383	313~363	315~367
등촌3동	316~368	320~372	298~346	301~349
화곡본동	268~312	272~316	289~335	292~340
등촌1동	316~368	320~372	322~374	325~377

기준으로 비교를 하시면 되고, 지역 안에서는 동 단위 소득이 높은 지역이 어디지를 확인하는 지표로 활용하시면 됩니다.

이번에는 서울시에서 강남구와 강서구, 강북구에 거주하고 있는 사람들의 소득은 어떻게 될지 살펴보겠습니다. 먼저 강남구의 주요 동별 소득입니다. 대치동의 주거 소득은 600만 원 내외로 강남구 안에서도 가장 높은 수준입니다. 도곡동과 압구정동도 상위권에 있습니다.

그럼 앞서 살펴본 근로 소득 표에서 중간 정도에 있던 강서구는 어떨까요? 강서구에서 주거 인구 소득이 가장 높은 지역은 우장산동과 염창동으로, 그 외 지역들은 300만 원 중반입니다.

마지막으로 강북구도 살펴보겠습니다. 번동과 수유동은 2020년 하반기

강북구 동별 주거 인구 소득				〈단위 : 만 원〉
행정동	주거 인구 소득		직장 인구 소득	
	2020년 하반기	2021년 상반기	2020년 하반기	2021년 상반기
삼양동	280~326	284~330	281~327	284~330
수유2동	899~1,045	1,640~1,906	777~903	1,367~1,589
방학3동	316~368	320~372	293~341	297~345
쌍문3동	278~324	282~328	298~346	301~349
정릉4동	315~367	318~370	309~359	312~362
송천동	278~324	282~328	290~338	293~341
미아동	272~316	275~319	290~336	292~340
우이동	280~326	283~329	286~332	289~335
번1동	870~1,010	1,587~1,845	737~857	1,297~1,507
수유1동	866~1,006	1,581~1,837	688~800	1,212~1,408
수유3동	860~1,000	1,571~1,825	797~927	1,402~1,630
쌍문1동	281~327	285~331	293~341	296~344
쌍문4동	319~371	323~375	304~354	307~357
인수동	269~313	272~316	286~332	290~336
삼각산동	350~406	353~411	302~350	304~354

주거 인구 소득이 월 1,000만 원 이상으로 아주 높습니다. 앞서 살펴본 강남구 데이터와 비교해 볼 때 약간 이상해 보이는데, 이렇게 주변 지역과 너무 큰 차이가 나는 결과는 제외하고 보시는 게 좋습니다.

수유동과 번동을 제외한다면 강북구 안에서는 삼각산동의 2020년 하반기 주거 인구 소득이 400만 원대로 가장 높고 그 외 지역은 300만 원 초반입니다. 상권정보시스템에서는 선택영역 인근 데이터도 보여주고 있는데 보이는 것처럼 방학동이나 쌍문동 등 도봉구에 속해있는 지역들도 함께 나오니 유의해서 살펴보시기 바랍니다.

세 개의 구를 모두 살펴보니 전체적인 동 단위 주거 인구 소득도 시·군·구 단위의 근로 소득과 마찬가지로 강남구, 강서구, 강북구 순이었습니다.

② 지역내총생산

두 번째로 살펴볼 부분은 지역내총생산(GRDP) 규모입니다. 지역내총생산이란 그 지역 안에서 다양한 경제 활동으로 생산해 내는 돈의 양을 의미하는데, 이 규모가 커질수록 경제적으로 더 활성화된 지역이라고 볼 수 있습니다. 서두에 언급했듯이 한 지역 안에서 더 많은 돈이 생산될수록 도시의 규모가 커지고 그만큼 지역 내에 돈이 더 많이 흐르고 있을 가능성이 큽니다.

지역내총생산 데이터는 국가통계포털 사이트에서 제공하고 있습니다. 사이트 메인 화면에서 '지역내총생산'을 검색해서 들어갑니다. 우리가 찾는 것은 시·군·구 단위 데이터인데 검색결과에서 바로 보이지 않고 오른쪽 아래에 있는 통계표 더보기를 누르고 리스트에서 'e-지방지표:GRDP(시/군/구)'를 선택해서 살펴봅니다.

수록 기간이 2010년부터 2018년까지이고, 2017년 자료에만 전국 데이터가 모두 나와 있기 때문에 일단 2017년도 기준으로 살펴보겠습니다. 가장 최근 자료는 도시별로 GRDP를 검색해서 구 단위로 살펴보는 건데 정리하기에 어려움이 있으니 2017년 자료를 기준으로 살펴보겠습니다. 상위 20개 지역의 순위는 다음과 같습니다.

서울시와 경기도, 인천시를 합하면 전국 총생산의 50%가 넘습니다. 그래서 수도권의 수요가 풍부하다고 하는 거겠죠. 그 외에는 광역시들이 포함되는데 그 중간에 서울시 강남구와 중구, 경기도 화성시와 성남시, 경남 창원시 같은 도시들이 들어옵니다. 강남구와 중구는 서울시의 도심에 들어가는 지역이라 지역내총생산이 높을 수 있고 화성시에는 삼성이나 현대 등 대기업을 포

전국 상위 20개 지역의 지역내총생산(GRDP)		
시·도단위	구단위	지역내총생산 (백만 원)
경기도	소계	451,426,420
서울시	소계	404,079,600
충청남도	소계	115,557,697
경상북도	소계	110,027,724
경상남도	소계	109,492,183
인천시	소계	88,547,364
부산시	소계	87,835,601
울산시	소계	75,750,070
전라남도	소계	73,732,402
경기도	화성시	68,085,358
서울시	강남구	65,387,478
충청북도	소계	65,312,366
대구시	소계	54,832,958
서울시	중구	51,213,292
전라북도	소계	49,348,477
강원도	소계	45,511,732
경기도	성남시	40,981,113
대전시	소계	40,537,224
광주시	소계	37,743,917
경상남도	통합창원시	37,504,782

함한 기업체들이 영향을 주었다고 볼 수 있습니다.

경남 창원시는 지방에서 지역내총생산이 가장 큰데, 인구와 일자리에서도 살펴봤듯이 지방에서 가장 규모가 큰 도시라는 점이 여기에서도 나타나게 됩니다. 또한 눈여겨 볼 점은 서울시 강남구의 GRDP가 전국 상위권에 들어갈 만큼 규모가 크다는 사실입니다.

마지막으로 지방 도시 중 상위 25개 지역입니다. 앞서 살펴본 대로 창원

순위	사·도단위	구단위	지역내총생산 (백만 원)
1	경상남도	통합창원시	37,504,782
2	경상북도	구미시	36,068,854
3	충청북도	통합청주시	32,907,141
4	충청남도	아산시	30,788,562
5	전라남도	여수시	26,114,992
6	충청남도	천안시	26,008,917
7	경상북도	포항시	18,262,287
8	충청남도	서산시	17,637,719
9	경상남도	김해시	15,681,224
10	전라북도	전주시	14,587,612
11	제주특별자치도	제주시	14,044,135
12	충청남도	당진시	11,479,492
13	경상북도	경주시	10,435,597
14	경상남도	양산시	10,318,896
15	경상남도	거제시	10,168,912
16	전라남도	광양시	9,440,656
17	전라북도	군산시	9,150,677
18	강원도	원주시	8,998,662
19	경상남도	진주시	8,217,596
20	충청북도	음성군	8,003,556
21	경상북도	경산시	7,666,389
22	강원도	춘천시	7,481,252
23	전라북도	익산시	7,413,669
24	충청북도	진천군	7,095,940
25	충청북도	충주시	6,975,877

지방 도시 상위 25개 지역의 지역내총생산(GRDP)

시의 규모가 가장 크고 구미시, 청주시, 아산시, 여수시, 천안시, 포항시 등이 상위권에 있습니다. 2017년 데이터라 순위가 현시점과 차이가 있을 수 있지만, 상위권에 어떤 도시들이 있는지와 함께 지역내총생산 수치가 높을수록 그 지역의 경제 활동이 활발히 일어나고 있다는 점을 기억하시면 좋겠습니다.

학군

다음은 학군입니다. 학군이 좋은 지역은 무조건 집값이 비쌀까요? 반드시 그렇지는 않습니다. 서울시 대치동과 노원구는 모두 학군이 좋기로 알려진 지역이지만 집값은 상당히 차이가 있으니 학군만으로 집값을 설명하기에는 한계가 있겠죠. 그런데도 학군을 찾아봐야 하는 이유는 무엇일까요?

미국의 심리학자 매슬로(Abraham Maslow)는 인간의 욕구를 5단계로 나누었습니다. 이 내용에 따르면 사람은 기본적인 의식주나 물질적인 안정을 찾고 나면 자연스럽게 사회적 욕구를 충족시키려 한다고 합니다. 그렇다면 학군이란, 어느 정도 먹고 사는 문제가 해결된 상태에서 그다음 단계의 욕구를 충족시키기 위해 찾는 가치라고 생각해 볼 수 있겠죠. 즉, 학군을 추구하는 지역이라면 기본적인 욕구는 어느 정도 확보한 사람들이 모여서 사는 곳이라고도 볼 수 있을 것입니다. 이런 말씀 드리는 것이 마음에 걸리긴 하지만 당장 먹고사는 문제가 해결되지 않은 상태에서 학군을 신경쓴다는 것은 다소 버거울 수 있을 테니까요.

추가로 사교육에 대해서도 생각해 볼 수 있습니다. 아직 먹고사는 문제가 완전히 해결되지 않았는데 수십만 원 혹은 수백만 원의 사교육비를 부담할 수 있을까요?

매슬로의 욕구 5단계론

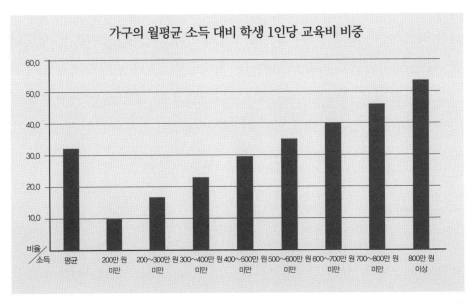

5단계 - 자아실현 욕구
자기 발전을 이루고 궁극적인 만족과 도전적인 목표에 대한 욕구

4단계 - 존경 욕구
타인으로부터 인정과 존경 등을 받고자 하는 욕구

3단계 - 사회적 욕구
사랑, 우정, 애정, 소속감에 대한 욕구

2단계 - 안전 욕구
신체적, 감정적, 경제적 위험으로부터 보호받고자하는 욕구

1단계 - 생리적 욕구
생명 유지를 위한 가장 기초적인 욕구. 의식주에 관한 욕구

참고 : 네이버 지식 백과

가구의 월평균 소득 대비 학생 1인당 교육비 비중

출처 : 통계청

통계청에서 제공하는 '가구의 월평균 소득 대비 학생 1인당 지출되는 사교육비 통계'를 참고하면 가구의 월평균 소득이 높을수록 사교육에 더 많은 지출을 하고 있다는 사실을 알 수 있습니다. 앞서 살펴본 요소인 돈과 연결시켜 보면 학군이 좋은 지역에는 소득이 높은 사람들이 거주할 확률이 높고, 그 지역의 집값은 타 지역에 비해 높아질 가능성이 큽니다. 이건 큰 지역 단위에서도 해당되겠지만 지역 안에서 단지별 학교 차이, 학원가 접근성에도 영향을 미칠 수 있습니다.

학군의 지역별 차이는 어떻게 알 수 있을까요? 가장 좋은 지표는 해당 지역 고등학교의 명문대 진학률이지만 특정 지역에 특목고 등이 있을 경우 지역을 대표하는 데이터로 보기는 어렵기 때문에 중학교 관련 자료를 분석하는 것이 가장 정확합니다.

일반적으로 중학교까지는 근거리를 위주로 배정이 되고 있습니다. 이 점 때문에 자녀를 좋은 중학교에 보내기 위해서 일찌감치 인근으로 이사하는 사례도 종종 있습니다. 심지어 좋은 중학교에 배정받기 위해 이사가 어려운 경우, 위장전입을 하는 사례가 생기기도 합니다. 그래서 지역 단위의 학군을 비교하기 위해서는 지역별 중학교 학군을 기준으로 판단할 수 있으며 크게 중학교의 학업성취도와 특목고 진학률로 비교해볼 수 있습니다.

① 중학교 학업성취도

학부모라면 대부분 자녀가 특별히 모난 곳 없이 서글서글한 친구들과 어울리며 공부하고 성장하길 원할 겁니다. 100%는 아니지만, 공부에 관심이 있는 아이들이 모여 있는 지역이 그런 분위기일 가능성이 크겠죠. 그런 학업 분위기를 나타내주는 데이터가 바로 '학업성취도'입니다.

학업성취도란 전국에 있는 중학생이 같은 시험 문제로 시험을 본 결과 인 '국가수준학업성취도평가'를 토대로 작성된 자료입니다. 이 수치가 100% 에 가까울수록 좋고, 90%만 넘어도 괜찮은 학군으로 인정받습니다. 다만, 해당 평가는 2017년 이후 진행되지 않아 오래된 정보라는 한계가 있습니다. 하지만 학군이라는 것이 단기간에 변하지 않는다는 점을 생각하면 그 지역에서 괜찮은 학교들을 찾는 데에 유용한 방법입니다.

참고로 우리나라에서 괜찮은 학군으로 알려진 중학교의 학업성취도는 다음 표와 같습니다. 대체로 평균 90% 이상임을 확인할 수 있습니다. 아울러 그 지역이 반듯한 택지지구라면 사람들의 선호도도 높아지게 되겠죠.

그럼 학업성취도는 어떻게 찾아볼 수 있을까요? 공식적인 자료는 학교알

서울시 및 수도권 주요 학군 학업성취도

순위	강남	평균	목동	평균	노원	평균	분당	평균	평촌	평균
1	대왕중학교	97.70%	목운중학교	96.40%	을지중학교	91.60%	수내중학교	96.30%	대안여자중학교	96.20%
2	압구정중학교	97.60%	월촌중학교	95.80%	상명중학교	90.20%	구미중학교	96.00%	귀인중학교	95.50%
3	대청중학교	97.20%	신목중학교	95.10%	불암중학교	88.80%	서현중학교	95.40%	범계중학교	93.10%
4	대명중학교	95.30%	봉영여자중학교	94.10%	중계중학교	87.70%	이매중학교	94.90%	평촌중학교	92.00%
5	신사중학교	94.80%	목일중학교	93.40%	중평중학교	87.20%	백현중학교	94.80%	대안중학교	91.70%
6	단국대학교 사범대학 부속중학교	94.60%	양정중학교	90.40%	태랑중학교	86.50%	낙원중학교	94.40%	부림중학교	89.70%
7	역삼중학교	94.40%	목동중학교	87.10%	신상중학교	86.10%	양영중학교	93.70%	호성중학교	87.30%
8	도곡중학교	94.30%	신서중학교	85.80%	노원중학교	86.00%	분당중학교	93.50%	신기중학교	87.30%
9	구룡중학교	94.20%	금옥중학교	83.60%	상계중학교	85.60%	늘푸른중학교	93.40%	안양부흥중학교	86.70%
10	진선여자중학교	93.70%	영도중학교	81.00%	상경중학교	85.20%	불곡중학교	93.00%	비산중학교	81.70%
11	언주중학교	92.10%	강신중학교	79.50%	노일중학교	84.70%	송림중학교	92.80%	임곡중학교	80.80%
12	숙명여자중학교	91.90%	신월중학교	73.90%	하계중학교	83.30%	판교중학교	92.70%	호계중학교	78.90%
13	봉은중학교	90.50%	양동중학교	69.80%	녹천중학교	83.10%	정자중학교	92.30%	부안중학교	78.80%
14	휘문중학교	89.90%	양천중학교	68.90%	청원중학교	82.80%	샛별중학교	91.50%	관양중학교	74.30%
15	대치중학교	88.50%	신남중학교	66.50%	상원중학교	81.90%	신백현중학교	91.30%	인덕원중학교	72.60%

리미(www.schoolinfo.go.kr)에서 찾아볼 수 있습니다. 하지만 이 사이트에서는 학교 개별정보를 하나씩 조회해야 하는 번거로움이 있어 보통은 이런 정보를 모아놓은 사이트를 활용합니다.

제가 활용하고 있는 사이트는 아실입니다. 아실에서 원하는 지역의 한 아파트 단지를 선택한 뒤 실거래이력 부분에서 화면을 아래쪽으로 내려보면 지역 중학교 학업성취도 결과를 확인할 수 있습니다.

서울시 강남구, 강서구, 강북구의 아파트를 임의로 선택해 보겠습니다. 다음 표를 보면, 강남구의 중학교들은 대부분 평균이 90% 이상인 것을 확인할 수 있습니다. 강남구의 학군이 왜 좋다고 하는지 어느 정도 이해할 수 있겠죠.

강서구에서는 명덕여중이 1위로 91.9%의 학업성취도를 나타냅니다. 2위부터는 90% 이하이므로 상대적으로 강남구보다는 낮은 수치의 학업성취도를 보이고 있습니다.

마지막으로 강북구에서 학업성취도가 가장 높은 학교는 영훈국제중학교인데 이 학교는 일반중학교와 다를 수 있으니 2위부터 살펴보겠습니다. 2위

지역별 중학교 학업성취도

강남구

순위	학교	평균	국어	영어	수학
1	대왕중학교	97.7%	99.0%	97.7%	96.3%
2	압구정중학교	97.6%	98.7%	98.0%	96.1%
3	대청중학교	97.2%	97.0%	98.8%	95.7%
4	대명중학교	95.3%	97.7%	97.4%	90.7%
5	신사중학교	94.8%	97.2%	94.3%	92.9%
6	단국대학교사범대학 부속중학교	94.6%	94.2%	94.8%	94.8%
7	역삼중학교	94.4%	98.2%	94.2%	90.7%
8	도곡중학교	94.3%	96.8%	95.5%	90.5%
9	구룡중학교	94.2%	97.4%	95.2%	90.0%
10	진선여자중학교	93.7%	97.3%	94.0%	89.8%

강서구

순위	학교	평균	국어	영어	수학
1	명덕여자중학교	91.9%	96.7%	93.0%	86.0%
2	염창중학교	88.5%	92.6%	86.9%	86.0%
3	성재중학교	87.6%	93.9%	84.5%	84.5%
4	화곡중학교	87.4%	92.6%	86.7%	82.8%
5	덕원중학교	86.6%	92.4%	85.9%	81.6%
6	염경중학교	86.1%	91.7%	85.4%	81.1%
7	삼정중학교	82.8%	92.1%	78.1%	78.1%
8	등명중학교	82.1%	89.6%	78.5%	78.1%
9	등원중학교	77.8%	86.0%	76.7%	70.7%
10	마포중학교	76.6%	87.0%	68.2%	74.7%

강북구

순위	학교	평균	국어	영어	수학
1	영훈국제중학교	98.3%	98.7%	100.0%	96.2%
2	삼각산중학교	84.0%	90.1%	81.1%	80.8%
3	강북중학교	75.2%	89.8%	72.2%	63.6%
4	성암여자중학교	75.0%	91.6%	70.9%	62.6%
5	창문여자중학교	74.8%	90.2%	73.6%	60.6%
6	신일중학교	74.4%	87.4%	68.5%	67.3%
7	미양중학교	72.7%	84.0%	68.5%	65.5%
8	서라벌중학교	70.5%	84.0%	63.4%	64.1%
9	번동중학교	67.8%	83.8%	67.2%	52.4%
10	화계중학교	66.1%	87.9%	55.3%	55.2%

출처 : 아실

는 학업성취도 84%로 상대적으로 강서구에 비해서 낮고 전체적으로 80%를 넘는 학교가 많지 않은 것을 보면 학업성취도가 강서구나 강남구에 비해 좋다고 보기는 어렵습니다.

② 중학교별 특목고진학률

이어서 특목고진학률도 살펴보겠습니다. 학업성취도 평가가 사라진 뒤로 학군을 가늠해볼 수 있는 지표는 그 학교에서 과학고나 외고를 얼마나 보냈는지를 찾아보는 것입니다. 특목고의 종류에는 자사고, 예고, 마이스터고 등 다양한 부류가 있는데 학군과 관련해서는 과학고와 외고 진학률을 참고합니다. 특히 학업성취도가 조금 낮아도 과학고나 외고를 많이 보내는 학교라면, 상위권 학생들은 공부를 하는 분위기가 확실히 조성되어 있다고 생각해 볼 수 있겠죠.

가장 최신 데이터는 학교알리미 사이트에서 확인할 수 있지만 아실에서도

지역별 특목고 진학률

강남구
학업성취도 | 특목고진학

순위	학교	졸업생	과학고	외고
1	대청중학교	331명	8명	9명
2	진선여자중학교	338명	1명	16명
3	대왕중학교	303명	3명	10명
4	압구정중학교	147명	5명	8명
5	도곡중학교	228명	8명	4명
6	역삼중학교	385명	4명	8명
7	대명중학교	355명	4명	7명
8	중동중학교	276명	6명	5명
9	휘문중학교	266명	3명	6명
10	언주중학교	332명	5명	4명

강서구
학업성취도 | 특목고진학

순위	학교	졸업생	과학고	외고
1	염창중학교	339명	4명	8명
2	영덕여자중학교	216명	0명	9명
3	등명중학교	253명	5명	3명
4	염경중학교	251명	2명	5명
5	화곡중학교	203명	4명	3명
6	마포중학교	222명	1명	5명
7	덕원중학교	280명	0명	6명
8	등촌중학교	196명	0명	5명
9	수명중학교	237명	3명	2명
10	화원중학교	271명	2명	2명

강북구
학업성취도 | 특목고진학

순위	학교	졸업생	과학고	외고
1	영훈국제중학교	155명	5명	15명
2	삼각산중학교	353명	4명	13명
3	성암여자중학교	230명	0명	9명
4	미양중학교	212명	1명	5명
5	창문여자중학교	196명	1명	5명
6	번동중학교	235명	1명	4명
7	강북중학교	192명	1명	3명
8	화계중학교	184명	1명	3명
9	인수중학교	214명	0명	3명
10	신일중학교	163명	3명	0명

출처 : 아실

확인할 수 있습니다. 학업성취도 오른쪽 '특목고진학' 항목에서 과학고·외고에 대한 항목만 살펴볼 수 있습니다. 하지만 아쉽게도 이 데이터 역시 2017년 기준으로, 최신 데이터는 아닙니다. 그러나 전체적인 지역 분위기와 지역 내에서 상위에 있는 중학교가 어디인지 정도는 확인이 가능합니다. 중요한 것은 이런 학교들이 모여 있는 지역이 상대적으로 학군이 좋다는 점입니다. 만약 특정 학교만 수치가 높다면 그 중학교에 배정받을 수 있는 단지가 선호도가 높을 수 있다는 점도 기억하시면 좋겠습니다.

강남구 중학교에서 특목고에 진학한 학생이 많은 상위 다섯 개 학교 정도를 보면, 적게는 한 명, 많게는 열다섯 명까지 진학했습니다. 강서구의 상위 다섯 개 학교에서는 적게는 0명, 많게는 아홉 명으로 상대적으로 강남구에 비해서는 적다는 걸 알 수 있습니다.

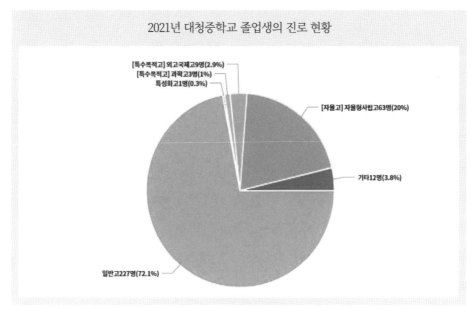

2021년 대청중학교 졸업생의 진로 현황

[특수목적고] 외고국제고9명(2.9%)
[특수목적고] 과학고3명(1%)
특성화고1명(0.3%)
[자율고] 자율형사립고63명(20%)
기타12명(3.8%)
일반고227명(72.1%)

출처 : 학교알리미

마지막으로 강북구입니다. 강북구는 영훈국제중학교를 제외하면 적게는 0명에서 많게는 아홉 명인데, 강서구와 그렇게까지 큰 차이는 나타나지 않는 것으로 보입니다.

그럼 가장 최신 데이터는 어떻게 찾을 수 있을까요? 매년 중학교별로 특목고에 진학한 학생들 수가 공식적으로 발표되고 있는데, 이는 한국교육학술정보원에서 운영하는 학교알리미 사이트에서 확인하실 수 있습니다.

학교알리미 사이트에서 강남구의 대청중학교를 찾아보겠습니다. 사이트 메인 화면 검색창에 '대청중학교 졸업생의 진로 현황'을 검색하고, 학교 이름 아래 '졸업생의 진로 현황'을 클릭합니다. 그다음 스크롤을 아래로 내려 [특수목적고]로 구분된 학교 중에서 외고·국제고와 과학고를 체크 해보시면 됩니다.

아실에서 살펴본 데이터에서 2017년 기준 대청중학교는 과학고와 외고에 각각 여덟 명과 아홉 명을 보냈는데 학교알리미에서 2021년 최신 자료를 확인해보니 각각 아홉 명과 세 명을 보냈네요. 아실을 통해 학업성취도와 과학고·외고 진학률로 큰 가이드를 잡은 뒤 세부적인 지역 분석을 할 때는 최신 데이터도 함께 확인하시기를 바랍니다. 특히 새로 생겨난 신도시처럼 학군 관련 정보가 빠르게 바뀌는 지역들은 이전 데이터를 참고하되 최신 결과도 찾아보는 게 좋습니다.

③ 학원가의 위치와 규모

지금까지 공교육으로 대표되는 중학교 학군에 대해 살펴봤습니다. 그런데 과연 공교육이라는 지표만으로 학군을 판단할 수 있을까요? 대부분의 학부모님께서는 공교육에만 의존하지 않고 사교육에도 상당 부분을 의지하실 겁니다. 그래서 학군을 생각할 때 빼놓으면 안 되는 것이 바로 학원가입니다.

아래 두 사진은 각각 다른 지역에 위치한 학원가의 모습입니다. 만약 여러분께서 학부모의 입장이라면 어느 학원가를 선택하실 건가요? 대부분 왼쪽의 학원가를 택하실 겁니다.

자녀를 키우다 보면 입시를 위한 대형학원부터 동네 미술학원까지 다양한 학원을 고려하게 될 텐데, 아이가 있는 가정의 상황이 비슷하다 보니, 괜찮은 학원들이 모여 있는 지역은 다른 지역에 비해 좀 더 관심을 받게 되고 지역 내에 큰 학원가가 있다면 더 많은 사람이 모여들게 됩니다.

또한, 지역 내 학군이 좋지 않더라도 학원가가 형성된 곳이라면 다른 곳보다 초등학교, 중학교 연령대의 아이들을 키우기 좋기 때문에 선호도가 높을 수 있습니다. 쉽게 말해 학원에 가기 위해 길을 하나만 건너도 되는 지역과 서너 번 건너야 하는 지역 사이에는 차이가 생길 수 있다는 거죠.

그럼 이런 학원가의 위치는 어떻게 파악할 수 있을까요? 다양한 방법이 있지만 크게 두 가지로 살펴볼 수 있습니다.

먼저 호갱노노 학원 기능을 활용하는 방법입니다. 호갱노노의 메인 화면을 관심 지역으로 이동시킨 뒤 오른쪽 부분에 '학원가'를 누르면 다음과 같이 학원이 밀집된 지역을 색상으로 표시해줍니다. 서울시에서는 대치동 학원가가 1위로 나오네요. 대치동은 강남구 1등 학원가이면서 서울시에서도 1위인 것을 보면 이곳의 학군이 왜 유명한지 알 수 있습니다.

이 방법으로 다양한 지역의 학원가를 쉽게 찾아볼 수 있습니다. 서울시 강서구는 화곡동, 내발산동 쪽에 118개 정도의 학원이 몰려있으며 양천구 목동 학원가와 그리 멀지 않습니다. 자체 학원가와 목동 학원가까지 이용할 수 있는 장점이 있는 지역입니다.

강북구에는 큰 규모의 학원가가 없지만 삼각산동 학원가가 그래도 좀 큰 편입니다. 인근에 노원구 중계동 학원가가 있는데 이곳을 포함해도 강남구나 강서구에 비교하면 강북구 학원가의 규모가 크다고 말하기는 어렵습니다.

그밖에도 학원가로 유명한 대전시 둔산동이나 대구시 수성구도 살펴보면 200여 개의 학원이 한곳에 모여 있다는 것을 확인할 수 있습니다. 서울시와

서울시 주요 학원가의 위치 및 규모

출처 : 호갱노노

서울시 강서구 학원가의 위치 및 규모

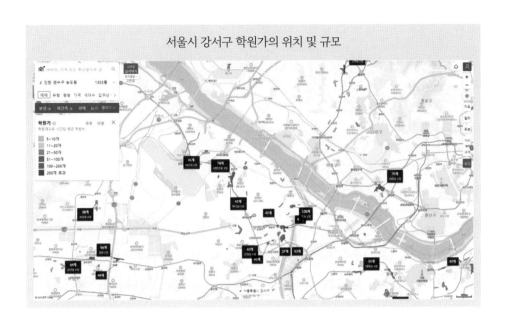

서울시 강북구 학원가의 위치 및 규모

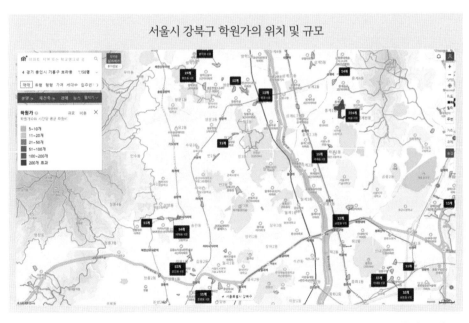

출처 : 호갱노노

대전시, 대구시의 도시 규모를 고려해 보았을 때 둔산동이나 수성구 학원가의
규모도 상당히 크다고 볼 수 있고 이렇게 학원가가 대규모로 형성된 지역의
학군이 좋다고 판단할 수 있습니다.

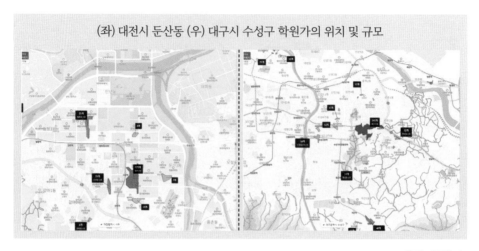

(좌) 대전시 둔산동 (우) 대구시 수성구 학원가의 위치 및 규모

출처 : 호갱노노

여기에 더해 실제 분위기를 확인하기 위해 로드뷰를 활용할 수 있습니다.
보통 학원가는 상업지구에 모여 있다 보니 유흥시설과 같이 있는 경우가 종
종 있습니다. 그래서 실제로 학원들만 밀집되어 있는지, 유흥시설들이 같이
있는지를 로드뷰로 살펴볼 수 있습니다.

다음 사진은 각각 서울시 노원구 중계동과 성남시 분당구 수내동 인근의
학원가입니다. 호갱노노에서는 두 지역 모두 학원이 많다고 나오는데, 중계
동 학원가는 상가의 대부분이 학원으로 채워져 있지만 수내동 인근은 유흥시
설과 학원가가 섞여 있습니다. 물론 수내동 학원가는 수도권에서도 유명하고
수내역에서 시작해서 꽤 긴 거리에 걸쳐 있지만, 일부 학원들은 이렇게 상업
시설과 섞여서 위치할 수 있으니 호갱노노와 함께 로드뷰를 보시며 실제 분위

기를 살펴보시기 바랍니다.

학원가 로드뷰

(좌) 노원구 중계동 (우) 분당구 수내역 인근 학원가   출처 : 네이버 로드뷰

지금까지 돈과 학군에 대해 살펴본 내용을 정리해보겠습니다. 일단 고소득층이 모여 있다면 그 지역은 입지가 좋고 집값도 상대적으로 높을 가능성이 있습니다. 따라서 잘 모르는 지역에서 어느 지역이 좋을지 비교할 때에는 그 지역의 고소득층이 어디에 모여 사는지를 알아보면 도움이 됩니다. 그리고 지역 내 돈이 많이 풀릴수록 규모가 큰 지역이라고 판단하며 이는 지역내총생산 지표로 살펴볼 수 있었습니다.

이어서 학군도 살펴봤지요. 학군이 좋다고 무조건 집값이 비싸다고는 할 수 없지만, 학군이란 건 삶이 어느 정도 안정된 상태에서 추구하는 것이니 학군이 좋은 지역은 기본적으로 소득 수준이 높은 지역일 가능성이 크다는 걸 기억하시고요. 학군에서 중요했던 학업성취도와 특목고 진학률을 확인하는 방법, 학원가의 규모와 위치를 확인하는 방법도 다시 한번 떠올리면서 4일 차를 마무리하시면 좋겠습니다.

4일 차 꼭 기억하세요

1. 지역 주민의 소득이 높은 지역이 집값도 높을 가능성이 큽니다.
2. 시·군·구 및 동 단위 소득 기준으로 지역 간 상대비교가 가능합니다.
3. 지역내총생산(GRDP)이 높을수록 경제 활동이 활발하게 일어납니다.
4. 학군이 좋다고 집값이 무조건 비싼 건 아닙니다.
5. 학군은 중학교 학업성취도와 특목고 진학률로 판단합니다.
6. 학원가는 호갱노노와 로드뷰를 활용해서 판단합니다.

4일 차 제대로 마무리하기

☐ 내가 선정한 세 지역의 시·군·구 근로 소득과 동별 소득 그리고 지역내총생산을 놓고 비교해 봅시다.

☐ 세 지역의 중학교 학업성취도와 특목고 진학률을 찾아봅시다.

☐ 세 지역에서 학원이 밀집된 지역은 어디인지 확인해 봅시다.

☐ 세 지역 학원가 분위기를 로드뷰로 확인해 봅시다.

5일 차

입지 이해하기
- 교통, 인프라

5일 차입니다. 많은 내용으로 인해 힘이 들 수 있겠지만 입지분석에 조금씩 재미를 붙여가고 계시리라 생각합니다. 오늘 살펴볼 내용은 교통과 인프라입니다.

지역 주민의 소득이 높은 지역에 비싼 아파트들이 모여 있고 상대적으로 학군이 좋을 가능성도 크다는 내용을 기억하실겁니다. 소득이 높은 사람들은 고연봉의 일자리로 출퇴근을 할테고, 직장이 모여 있는 지역으로 출퇴근이 편한 지역을 선호하겠죠. 특히 대중교통으로 출퇴근이 편하다면 더 좋을 겁니다. 그래서 대표적인 대중교통수단인 지하철을 쉽게 이용할 수 있는 역세권 지역을 사람들이 더욱 선호하죠.

이런 역세권 말고도 요즘 'ㅇ세권'이라는 신조어가 많이 생겨나고 있습니다. 스세권이나 맥세권(각각 스타벅스, 맥도날드에 가까운 집), 몰세권(대형 쇼핑몰을 쉽게 이용할 수 있는 집) 등이 그것인데, 아마 이런 상업 시설이 있는 곳을 사람들이 좋아한다는 의미이면서, 지역의 입지에도 영향을 미칠 수 있으리라 자연스럽게 생각해볼 수 있습니다. 오늘은 이런 관점에서 입지에 영향을 주는 교통과 인프라에 대해 살펴보겠습니다.

교통

독자분 중 누군가는 지금 이 책을 출퇴근길 지하철에서 읽고 계실지도 모르겠습니다. 독서를 좋아한다면 출퇴근 시간이 길어지더라도 독서 시간으로 활용할 수 있다는 장점이 있겠지만 그렇지 않은 경우라면, 그야말로 길에서 시간을 보내는 통근 시간이 반갑지는 않겠죠.

다음과 같은 경우를 생각해 볼까요? 먼저 복잡한 도심의 구축 아파트의 경우입니다. 여기서 직장까지 거리는 5㎞밖에 안 되지만 편도 2차선 도로에 신호등이 줄지어 있어서, 자차로 출퇴근을 할 때 타이밍을 잘못 맞추면 30분 이상이 걸립니다.

반면, 거리는 10㎞ 정도 떨어져 있지만 지하철로 30분 정도면 직장에 도착할 수 있는 신도시 아파트 단지가 있습니다. 거리상 도심에서 멀리 떨어져 있지만 실제 출퇴근에 걸리는 시간은 전자의 경우와 큰 차이가 없다면, 신도시의 쾌적한 인프라를 누리며 사는 것도 좋은 선택인 것 같습니다. 그렇다면 도심권으로 출퇴근하는 수요를 나누어 가져올 수도 있지 않을까요? 물리적으로 도심과 가깝더라도 실제 교통 요건에 따라 출퇴근 만족도는 달라질 수 있으니까요.

집에서 아이들 학원이나 백화점, 마트 같은 편의시설로 얼마나 빠르게 갈 수 있느냐도 중요하지만 결국 먹고사는 문제가 달린 근무지로 얼마나 빠르게 이동할 수 있느냐가 가장 중요합니다.

한편, 직장이 내가 거주하는 지역 안에 있다면 다른 지역으로 나가지 않더라도 지역 안에서 출퇴근이 가능하니, 그런 경우에는 다른 지역으로 이동 방식을 고려하기보다는 지역 내 일자리로 빠르게 접근할 수 있는 다른 이동수단이 중요해질 수 있죠.

따라서 이번 시간에 교통과 관련하여 살펴볼 부분은 크게 두 가지입니다. 주요 일자리까지 가는 데 걸리는 시간과 지역 안에서 출퇴근을 해결하는 수요의 양을 알아보는 것입니다.

① 주요 일자리 도달하는 데 걸리는 시간

먼저 인근 주요 일자리까지 가는 시간과 거리를 통해 입지를 비교하는 방법을 알아보겠습니다.

간단히 네이버 지도를 이용하여 서울시와 수도권에서 대중교통으로 중심 업무지구까지 가는 시간과 거리를 비교해보는 겁니다. 서울시에서 가장 큰 일자리는 강남구와 광화문, 여의도에 대부분 밀집해 있습니다. 그 외에도 규모가 있는 일자리들이 모여 있는 지역에는 가산디지털단지나 상암DMC, 마곡지구, 판교 등이 있습니다. 지하철역을 기준으로 위와 같은 주요 업무지구까지 대중교통으로 걸리는 시간을 비교해봅니다.

강남구는 강남역, 강서구는 가양역, 강북구는 미아역을 기준으로 살펴보겠습니다. 강남구에서는 2·3·7·9호선과 신분당선까지 수도권의 다양한 노선을 이용할 수 있습니다.

　강남구에서 강남권 일자리로는 대중교통으로 10분 내외면 대부분 이동이 가능하며 여의도와 종로구 방향으로도 30분대면 이동이 가능하니 서울시에서 교통이 가장 좋은 편이라고 생각할 수 있습니다.

　이어서 강서구입니다. 가양역을 기준으로 비교해 보면 강남구와 종로구까지는 30분대, 여의도까지는 11분 정도가 걸립니다. 강서구는 5호선과 9호선, 공항철도가 대표적인 지하철 노선인데 잘 이용하면 서울시의 주요 업무지구로 30분대에 이동이 가능합니다. 또한 지역 내에 마곡이라는 업무지구가 있으며 DMC나 가산디지털단지로도 이동이 편리합니다. 따라서 강서구의 교통은 강남구만큼은 아니지만 서울시 및 수도권 안에서는 괜찮은 편이라고 판단할 수 있습니다.

　마지막으로 강북구를 살펴보겠습니다. 강북구에는 우이신설선과 4호선이 지나가고 있는데 업무지구로의 접근은 4호선이 좀 더 유리합니다. 강북구의 경우 미아역을 기준으로 강남구까지 50분 정도가 소요됩니다. 여의도는 44분, 광화문은 29분입니다.

　강북권에 있다 보니 강북구 쪽 일자리 접근성이 상대적으로 좋아 보이지만 일자리의 규모는 강남구가 가장 크다는 걸 생각하면 강남구나 강서구에 비해 교통편이 다소 불리할 수 있습니다.

　그럼 세 지역에서 업무 지구까지 물리적 거리는 어느 정도일까요? 먼저

강남구(강남역)에서 서울시 주요 업무 지구까지 대중교통으로 걸리는 시간

강서구(가양역)에서 서울시 주요 업무 지구까지 대중교통으로 걸리는 시간

강북구(미아역)에서 서울시 주요 업무 지구까지 대중교통으로 걸리는 시간

출처 : 네이버 지도

강남구는 지하철 2호선 강남역부터 회사가 많이 몰려있는 지역까지의 이동 거리가 보통 1㎞ 이내 수준이며 여의도나 종로구도 10㎞ 이내로 들어옵니다.

강서구의 경우 대중교통으로는 대부분 30분대에 접근이 가능했는데 물리적인 거리는 여의도까지 약 10㎞, 종로구 도심은 13㎞, 강남구까지는 20㎞ 정도 됩니다.

강북구의 경우 광화문까지는 9㎞ 정도로 멀지 않지만 여의도는 15㎞, 강남구는 16㎞ 정도로 상대적으로 좀 더 멀리 떨어져 있습니다.

그럼 지하철과 같은 대중교통이 수도권에 비해 비교적 덜 개통된 지방은

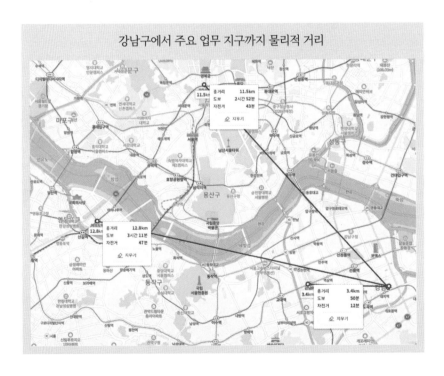

강남구에서 주요 업무 지구까지 물리적 거리

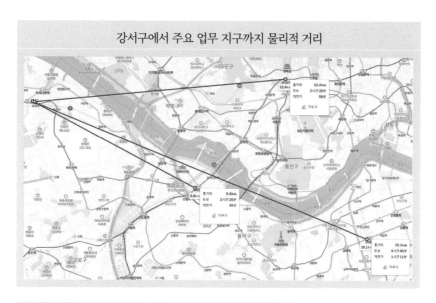

강서구에서 주요 업무 지구까지 물리적 거리

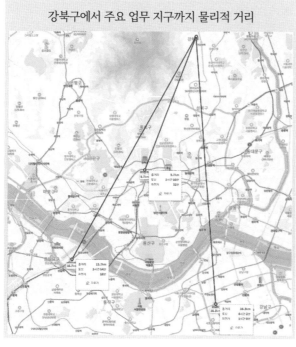

강북구에서 주요 업무 지구까지 물리적 거리

출처 : 네이버 지도

어떻게 비교해야 할까요? 2018년 국토교통부에서 발행한 보고서인 「교통 빅데이터를 이용한 국가교통조사 결과」를 살펴보면 지방의 경우 평균 출퇴근 시간은 30분 내외 입니다.

그렇다면 지방에서는 주요 일자리까지 30분 이내에 접근 가능한 지역이라면 출퇴근 교통 입지가 좋은 지역이라고 볼 수 있겠죠. 교통 상황에 따라 다르겠지만 통상 자차로 5~10㎞를 이동하는 데 걸리는 시간을 20~30분 정도로 잡는다면 지방 주요 일자리가 위치한 곳에서 이 정도 거리에 위치한 지역들이 출퇴근하기 좋으리라 생각합니다.

추가로 국가교통DB(www.ktdb.go.kr)에서 제공하는 교통통계연보를 보면 다음과 같이 지역별 교통수단별 일평균 통행량을 확인할 수 있습니다. 서울

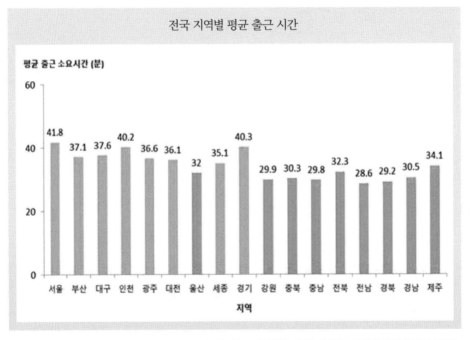

출처 : 국토교통부 「교통 빅데이터를 이용한 국가교통조사 결과」

시는 철도 이용 비중이 22.4%로 전국에서 가장 높은 지역이며 그 뒤로 부산시(10.5%)와 인천시(10.0%)가 이어집니다. 한편, 지방은 철도의 이용 비중이 낮으며 승용차의 비중이 상대적으로 높습니다. 그렇다면 지방에서는 교통을 판단하는 기준도 수도권과는 달라야겠죠. 즉 지방에서는 대중교통 이용량보다는 업무지구까지 물리적인 거리와 자차로 이동하는 시간을 고려해서 판단합니다.

그럼 이 기준으로 지방 대도시인 창원시를 살펴볼까요? 창원시의 주요 일자리는 성산구에 위치한 국가산업단지 쪽에 많이 모여 있습니다. 창원시의 도심부는 현재 성산구와 의창구로 나뉜 구창원으로, 이곳에 위치한 한 아파트

지역별 교통수단별 일평균 통행량

(단위 : %)

구분	전체	도보	승용차	버스	철도	택시	자전거	기타
전국	100	27.6	35.4	17.5	8.0	6.5	1.7	3.3
서울시	100	23.1	20.4	24.2	22.4	6.7	1.5	1.6
부산시	100	27.2	31.5	20.5	10.5	7.0	1.1	2.2
대구시	100	27.1	37.9	14.3	7.2	7.1	1.9	4.5
인천시	100	24.2	36.7	19.3	10.0	6.0	1.6	2.1
광주시	100	25.9	45.2	16.2	1.4	9.4	1.2	0.8
대전시	100	31.3	42.2	14.5	2.7	6.3	1.7	1.2
울산시	100	26.8	43.8	16.8	0.1	7.1	1.6	3.8
세종시	100	42.2	43.1	9.3	0.1	3.4	0.6	1.5
경기도	100	24.1	40.2	21.5	6.5	3.8	1.7	2.2
강원도	100	31.8	44.0	7.1	0.0	9.8	1.8	5.5
충청북도	100	36.3	39.6	9.8	0.1	9.0	2.1	3.2
충청남도	100	36.7	37.9	11.0	0.2	8.5	1.9	3.8
전라북도	100	33.3	33.6	7.8	0.0	14.3	3.1	7.9
전라남도	100	41.0	36.6	7.8	0.0	4.5	1.5	8.7
경상북도	100	28.2	44.0	9.5	0.5	5.8	2.5	9.5
경상남도	100	36.4	38.8	12.9	0.6	5.3	1.5	4.6
제주도	100	18.9	54.2	15.0	0.0	6.7	0.4	4.7

출처 : 국가교통DB 교통통계연보, (전체 수치는 소수점 아래 반올림)

단지에서 산업단지까지는 자차로 10분이면 접근이 가능합니다. 하지만 진해구에서 창원시 산업단지까지는 16분 정도가 걸리니 교통 면에서 구창원(성산구, 의창구)의 교통 입지가 진해구보다 낮다고 볼 수 있습니다.

이렇게 지방에서는 지역 상황에 맞게 자가용을 이용한 접근성을 따져보면서 지역 내 입지를 비교해 볼 수 있습니다.

② 지역 내 출퇴근 수요

다음은 지역 내 출퇴근 수요를 알아보는 방법입니다. 크게 두 가지 방법이 있는데, 지역 내 출근통행량을 확인하거나 도시 거주민의 이동 형태를 조사한 보고서를 참고하는 방법입니다.

먼저 서울시와 수도권에서는 지역 간 출근통행량을 중심으로 살펴보겠습니다. 지역 간 출근통행량이란, 한 지역에서 다른 지역으로 출퇴근하는 수요량을 의미합니다. 이 자료는 경기도 교통정보센터 사이트(https://gits.gg.go.kr)에

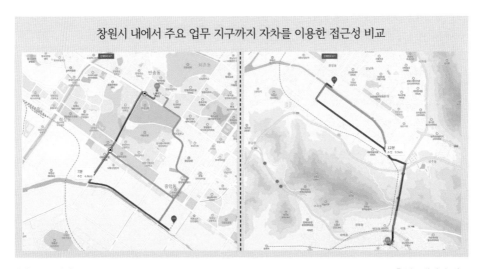

창원시 내에서 주요 업무 지구까지 자차를 이용한 접근성 비교

(좌)성산구 (우)진해구 기준   출처 : 네이버 지도

서 확인할 수 있습니다. 홈페이지 상단 '교통DB'에서 '통행특성'을 클릭하여 들어갑니다. 목록 중 '통행발생/도착량'을 선택하면 지역 간 출근통행량을 선택해서 살펴볼 수 있습니다.

다음쪽의 표를 보면 서울시 내부에서 출근과 퇴근을 모두 하는 비중이 84.8%로 높은 편이며 12.9%가 경기권으로 출퇴근 중이고, 그 외 다른 지역의 비중은 낮습니다. 따라서 서울시 안에서는 주요 업무지구까지 이동을 도와주는 역세권이 중요한 입지 포인트가 되겠죠.

강남구의 경우 경기 방향으로 16.6%가 출퇴근하며 나머지는 서울시 안에서 출근을 하는데, 특히 지역 내 출퇴근 비중이 39.3%로 서울시에서 2위인 수치입니다. 즉, 강남구 자체의 지역 일자리가 많이 있다고 볼 수 있습니다.

강서구는 같은 구 안에서 출퇴근하는 비율이 28.6%이고 경기도 쪽 출퇴근 비중은 11.7%입니다.

강북구는 지역 내 출퇴근 비중이 24.4%, 경기권 출퇴근 비중은 4.5%로 강남구나 강서구에 비해 낮습니다. 따라서 서울시 안에 있는 다른 지역의 일자리로 출근하려는 사람들이 많이 살고 있다고 짐작할 수 있겠네요. 그렇다면 강북구의 경우에는 다른 업무지구로 이동이 쉬운 지역, 즉 역세권 단지가 거주지역으로 선호되고 있겠죠.

수도권 다른 지역들도 살펴보겠습니다. 용인시 수지구의 경우 내부에서 출퇴근하는 비중은 23.6%로 낮은 편이지만 경기권 다른 지역과 서울시 쪽으로 출퇴근하는 비중이 각각 47.3%와 25.8%로 높은 편입니다. 그렇다면 용인시 수지구에 사는 사람들은 서울시를 포함한 다른 지역으로 출퇴근하는 사람이 더 많다고 생각할 수 있습니다. 실제로 수지구에는 분당·판교권이나 수원시 쪽 출퇴근 인원이 많으며 신분당선이나 분당선 등을 이용하여 서울시 쪽으로 출퇴근하는 사람들도 많다는 사실이 이 자료를 통해 드러난다고 볼 수 있습니다.

마지막으로 동탄이 속한 화성시를 살펴보면 지역 내 출퇴근 비중이

행정구역	총출근발생량	내부통행량	외부 (경기방향)	외부 (서울시방향)	외부 (인천시방향)	외부 (수도권외방향)
서울시	100	84.8	12.9	0	1.6	0.7
종로구	100	35.7	4.8	59	0.5	0
중구	100	42.7	4.4	51.9	0.2	0.8
용산구	100	28.3	8.1	62	1.4	0.2
성동구	100	29.9	7.1	60.6	0.2	2.2
광진구	100	24.4	12.6	61.8	0.6	0.6
동대문구	100	29.4	6.1	62.7	0.6	1.2
중랑구	100	28.8	11.5	59.4	0.1	0.2
성북구	100	24.1	11.7	62.9	1.2	0.1
강북구	100	24.4	4.5	69.4	1.7	0
도봉구	100	22.8	12.2	63.1	1	0.9
노원구	100	27.8	16.9	52.2	0.5	2.6
은평구	100	24.2	11.9	60.9	2.9	0.1
서대문구	100	24	8.4	67.3	0.3	0
마포구	100	35.4	7.6	55.2	1.1	0.7
양천구	100	23.5	14.9	55.2	4.9	1.5
강서구	100	28.6	11.7	53.2	4.7	1.8
구로구	100	26.1	23.9	45.4	3.8	0.8
금천구	100	32.3	28.9	37.3	1.4	0.1
영등포구	100	32.3	12.3	52	2.1	1.3
동작구	100	14.8	11.7	71.4	1.8	0.3
관악구	100	23.9	11	62.8	2.3	0
서초구	100	33.9	13.4	51.4	1.2	0.1
강남구	100	39.3	16.6	43	0.3	0.8
송파구	100	34.8	16.3	47.7	1	0.2
강동구	100	26.5	19.4	53.1	0.5	0.5

서울시 25개 구 기준 내·외부 출근통행량 구성비 (2016년)

출처 : 경기도 교통정보센터

66.3%로 앞서 살펴본 지역들에 비해서 상당히 높은 편이고 서울시로 출퇴근하는 비중은 6.1%로 낮은 편입니다. 따라서 화성시에는 서울시 보다는 화성시 내부와 근처 일자리로 출퇴근하는 사람이 더 많다고 볼 수 있습니다. 이런 경우에는 서울시 접근성이 좋은 지역보다는 내부의 일자리로 접근이 쉬운 곳이 주거지로 선호될 가능성이 크겠죠.

수도권 지역 중 서울시로 출퇴근하는 비중이 높은 지역과 낮은 지역에는 어떤 차이가 있을까요? 화성시와 김포시를 예로 들어 살펴보겠습니다. 네이버 지도를 활용해서 화성시에서 서울시 주요 도심으로 이동시간을 찾아보면 강남역, 광화문역, 여의도역까지 모두 한 시간 정도가 걸립니다. 그럼에도 불

				수도권 일부 지역의 내·외부 출근통행량 구성 비율		
행정구역	총출근발생량	내부통행량	외부 (경기방향)	외부 (서울시방향)	외부 (인천시방향)	외부 (수도권외방향)
용인시(경기)	100	48.3	27.9	19.9	0.4	3.5
처인구(용인시)	100	60.4	23.2	14.5	0.2	1.7
기흥구(용인시)	100	35.2	41.2	18.1	0.3	5.2
수지구(용인시)	100	23.6	47.3	25.8	0.6	2.7
파주시(경기)	100	66	22.2	9.8	1.4	0.6
이천시(경기)	100	79.6	9.4	2.5	0.3	8.2
안성시(경기)	100	79.5	10.2	2	0.2	8.1
김포시(경기)	100	43.6	20.1	22.5	13.8	0
화성시(경기)	100	66.3	23.9	6.1	0.3	3.4
광주시(경기)	100	62.5	24.6	12.2	0.2	0.5
양주시(경기)	100	60	20.8	16.2	0.3	2.7
포천시(경기)	100	87.5	6.1	1.8	0	4.6
여주시(경기)	100	81.1	10.1	0.9	0	7.9
연천군(경기)	100	78.6	17.3	2.9	1.2	0
가평군(경기)	100	80.8	3.3	3.1	0	12.8
양평군(경기)	100	76.1	11.4	5.3	0	7.2

출처 : 경기도 교통정보센터

구하고 집값은 15억 원에 육박하는 수준까지 상승하기도 했습니다.

또다른 신도시인 김포시와도 비교해 보겠습니다. 김포시는 동탄과 비슷하게 서울시 주요 업무 지구까지 1시간 정도면 접근이 가능합니다. 하지만 동탄에 비해 집값은 저렴한 편입니다.

두 지역의 가장 큰 차이점은 뭘까요? 앞서 살펴본 대로 화성시에서 서울

화성시 동탄에서 대중교통으로 서울시 주요 업무 지구까지 소요 시간

○ 동탄역시범더샵센트럴시티아파트	○ 동탄역시범더샵센트럴시티아파트	○ 동탄역시범더샵센트럴시티아파트
○ 강남역 2호선	○ 광화문역 5호선	○ 여의도역 5호선
다시입력 길찾기	다시입력 길찾기	다시입력 길찾기
시내 전체 6 버스 5 지하철 0 버스+지하철 1	전체 10 버스 10 지하철 0 버스+지하철 0	전체 10 버스 5 지하철 0 버스+지하철 5
오늘 오후 08:20 출발 ON 추천순	오늘 오후 08:20 출발 ON 추천순	오늘 오후 08:20 출발 ON 추천순
53분 최적	**1시간** 최적	**1시간** 최적
오후 8:34-오후 9:27 | 도보 6분 | 2,800원	오후 8:42-오후 9:42 | 도보 6분 | 3,200원	오후 8:47-오후 9:47 | 도보 10분 | 3,200원
6001 포스코더샵.롯데캐슬 승차→ 신논당선강남역(중) 하차	M4130 포스코더샵.롯데캐슬 승차 3분 2정류장, 43석	M4434 포스코더샵.롯데캐슬 승차 2호선 신논현역 환승 → 여의도역 하차

김포시(장기역)에서 대중교통으로 서울시 주요 업무 지구까지 소요 시간

○ 장기역 김포골드라인	○ 장기역 김포골드라인	○ 장기역 김포골드라인
○ 강남역 2호선	○ 광화문역 5호선	○ 여의도역 5호선
다시입력 길찾기	다시입력 길찾기	다시입력 길찾기
전체 8 버스 4 지하철 2 버스+지하철 2	전체 10 버스 6 지하철 2 버스+지하철 2	전체 12 버스 4 지하철 3 버스+지하철 5
오늘 오후 08:20 출발 ON 추천순	오늘 오후 08:20 출발 ON 추천순	오늘 오후 08:20 출발 ON 추천순
1시간 10분	**1시간 4분** 최적	**47분** 최적
오후 8:30-오후 9:40 | 도보 15분 | 1,950원	오후 8:25-오후 9:29 | 도보 8분 | 1,850원	오후 8:30-오후 9:17 | 도보 8분 | 1,750원
장기역 승차 김포공항역 환승 → 신논현역 하차 상세보기	장기역 승차 김포공항역 환승 공덕역 환승→광화문역 하차	장기역 승차 김포공항역 환승 → 여의도역 하차 상세보기

출처 : 네이버 지도

시 방향으로 출근하는 인력의 비율은 6.1%입니다. 즉 서울시 도심과의 접근성이 덜 중요한 사람들이 모여 살고 있다고 볼 수 있습니다.

반면, 김포시에서 서울시 방향으로 출퇴근하는 비중은 22.5%로 동탄에 비해 세 배 이상 높습니다. 즉 김포시에는 서울시로 출퇴근하는 인력이 많고, 따라서 서울시로의 접근이 중요한 지역이라는 점을 알 수 있지요.

참고로 송도신도시가 포함되어있는 인천시 연수구와 경기도 안산시는 서울시 방향 출퇴근 비율이 8.4%, 오산시와 평택시는 각각 2.1%와 1.4%로, 모두 서울시 접근성이 그렇게까지 중요하지 않은 지역일 수 있습니다. 따라서 화성시를 포함하여 인천시 연수구나 안산시, 오산시, 평택시 같은 지역을 단순히 서울시 도심 접근성을 기준으로 입지를 판단한다면 오차가 생길 수 있습니다.

서울시 자치구들의 교통 입지는 서울시 출퇴근 비중이 높은 김포시와는 비교해 볼 수 있지만 동탄이나 송도 같은 지역과는 동일한 조건으로 비교하기 어렵다는 점 잊지 마시고 그런 지역들은 도시의 인구 규모와 소득, 일자리 수준 등을 기준으로 비교해 보는 것이 정확한 비교 분석이 될 것입니다.

한편 지방의 경우 서울시나 경기권처럼 상세한 데이터는 찾기 어렵지만, 한 보고서를 참고해서 대략적으로 알아볼 수 있습니다. 우리나라 통계청에서 2014년 발간한 것으로, 제목은 「인구주택총조사 자료를 활용한 도시 간 통근 유형 분석」입니다.

이 보고서는 서울시, 수도권을 포함하여 특정 지역에서 타 지역으로 출퇴근하는 유형을 보여주고 있습니다. 크게 네 가지 카테고리로 나누어서 출퇴근 시 해당 지역으로의 유입과 유출을 구분하고 있는데, 베드타운형, 교차통근형, 성장형, 폐쇄형으로 나누어서 정리하고 있습니다.

도시 유형 분류표	
구분	**도시 형태**
베드타운형	유출통근량 전국 평균 이상, 유입통근량 전국 평균 이하
교차통근형	유·출입 통근량 모두 전국 평균 이상
성장형	유출통근량 전국 평균 이하, 유입통근량 전국 평균 이상
폐쇄형	유·출입 통근량 모두 전국 평균 이하

출처 : 통계청 보고서 「인구주택총조사 자료를 활용한 도시 간 통근유형 분석」

앞서 살펴본 창원시를 예로 들어서 다시 한번 살펴보겠습니다. 창원시는 폐쇄형에 속해있는데, 폐쇄형의 특징은 인구 유입도 적고 유출도 적은 지역입니다. 그렇다면 출근과 퇴근이 모두 지역 안에서 이루어진다고 생각할 수 있죠. 하지만 창원시 안에서도 마산회원구는 베드타운형으로, 출퇴근과 관련하여 유입되는 인구는 적지만 유출되는 인구는 많습니다. 이것은 지역 안에 있는 일자리로 이동하기보다는 외부로 출근하는 인구가 많다는 것을 의미하겠죠. 따라서 마산회원구는 인근 일자리로 접근성이 좋은 지역이 교통 입지가 좋다고 볼 수 있겠네요.

대구시 중구는 그래프상에서 성장형에 포함되어 있는데, 빠져나가는 인구에 비해 유입되는 인구가 많으니 내부 일자리도 많고 인근으로 출퇴근하는 수요도 많이 있으리라 예상할 수 있습니다.

이렇게 보고서에서 나온 내용을 활용해서 지방의 지역 내 출퇴근 수요를 짐작해 볼 수 있습니다. 한 가지 유의하실 부분은 이 보고서가 발행된 시점이 2014년이니, 대략적인 내용으로 참고만 하시는 것이 좋겠습니다.

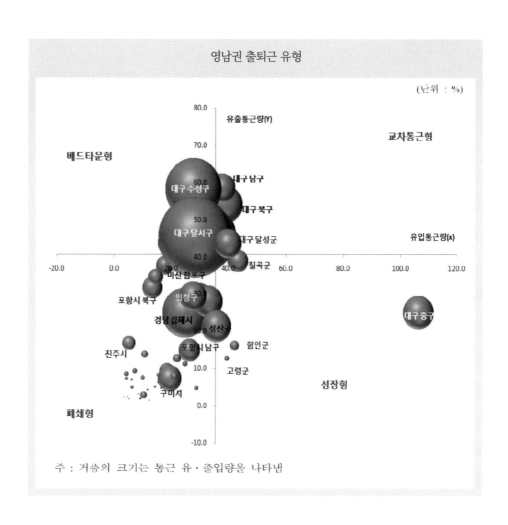

영남권 출퇴근 유형

(단위 : %)

주 : 거품의 크기는 통근 유·출입량을 나타냄

구분	도시 형태
베드타운형	대구 동구, 대구 북구, 대구 수성구, 대구 달서구, 마산시 회원구
교차통근형	대구 서구, 대구 남구, 대구 달성군
성장형	대구 중구, 고령군, 칠곡군, 함안군
폐쇄형	경남 김해시 등 42개 지역

출처 : 통계청 보고서 「인구주택총조사 자료를 활용한 도시 간 통근유형 분석」

인프라

다음은 인프라에 대해서 살펴보겠습니다. 인프라라고 표현했지만 정확히 는 지역 내에 사람들이 편리하게 이용할 수 있는 시설들이 얼마나 있는지를 살펴보는 겁니다.

어떤 지역은 이른바 '슬세권(슬리퍼+세권)'으로, 슬리퍼를 신고 나가서 길 하 나만 건너도 백화점부터 스타벅스, 대형마트까지 다양한 시설을 이용할 수 있습니다. 반면 다른 지역은 집 앞에 편의점이나 소규모 지역 마트만 있고 스 타벅스에 가려면 차를 타고 한참 나가야 한다면, 여러분은 둘 중 어느 지역에 서 살고 싶으신가요?

아무래도 전자처럼 편의시설이 전부 갖춰진 지역에서 사는 게 더 편리하 리라 예상할 수 있습니다. 그리고 이런 지역은 선호도가 높은 지역일 가능성 이 크니 그만큼 수요가 많고 집값도 상대적으로 높을 수 있습니다. 실제로 가 격이 높은 대장 아파트를 살펴보면 대부분 주위에 편의시설이 다양하게 분포 해 있는 것을 확인할 수 있을 겁니다.

조금 다른 관점에서 생각해 봅시다. 백화점이나 마트, 스타벅스 같은 시 설은 어디에 들어설까요? 기업체의 목적은 매장을 열어 봉사활동을 하는 게 아니라 수익을 만들어내는 것이기 때문에, 수익이 창출될 만한 지역에서 매 장을 운영할 겁니다. 그렇다면 그런 대규모 상업시설이 들어서 있는 지역은 그렇지 않은 지역과 차이가 있다고 볼 수 있겠죠. 따라서 지역 내에 이런 시 설들이 얼마나 많이 있는지 찾아보는 것도 입지분석의 중요한 요소 중 하나 입니다.

네이버 지도를 활용해서 간단히 살펴볼 수 있습니다. 제가 중점을 두고 살펴보는 것은 스타벅스와 백화점 그리고 대형마트입니다. 이번에도 서울시 강남구와 강서구, 강북구를 비교해 보겠습니다.

먼저 강남구입니다. 네이버 지도에서 '강남구 스타벅스'를 검색하면 지도에 스타벅스 위치가 표시되는데 거의 길 하나 사이로 빽빽하게 들어서 있네요.

이어서 백화점과 대형마트입니다. '강남구 백화점'을 검색하면 현대백화점 두 곳과 갤러리아백화점, 롯데백화점까지 총 네 곳의 백화점이 나옵니다. 이때 주류백화점, 신발백화점 등 다양한 백화점이 나올 수 있으니 이 부분은 잘 확인하시기 바랍니다.

또한 강남구에는 이마트 두 곳과 하나로마트가 네 곳이 있습니다. 소규모 마트는 제외면 대형마트는 크게 세 곳이 있네요. 마트

출처 : 네이버 지도

강서구의 주요 인프라

출처 : 네이버 지도

를 검색할 때도 3대 대형마트(이마트, 롯데마트, 홈플러스) 위주로 체크해 보기 바랍니다.

이번에는 강서구입니다. 강서구는 마곡 업무 지구 인근과 함께 지하철 역세권 상권에 스타벅스가 많지만 강남구에 비하면 점포 수가 많지는 않습니다.

강서구에는 롯데백화점과 NC백화점이 있고 이마트 한 곳, 홈플러스 두 곳, 롯데마트가 한 곳이 있습니다.

마지막으로 강북구입니다. '강북구 스타벅스'를 검색하면 노원구와 성북구의 매장도 들어오는데 강북구만 따로 놓고 보면 열 곳 이내로 강남구나 강서구에 비해 적습니다.

백화점은 한 군데가 있고 인근 성북구에 추가로

한 곳이 더 있습니다. 대형 마트는 지역 내 롯데마트가 있고 성북구에 이마트가 있습니다. 백화점과 마트 점포 수를 비교해 보면 강남구나 강서구에 비해서 점포 수가 적습니다.

지금까지 소개해 드린 대표적인 세 가지 기준은 그 지역의 인프라 규모를 보여주는 괜찮은 지표라고 생각합니다.

강남구와 강서구, 강북구를 비교해보면 강남구의 인프라가 가장 좋고 강서구, 강북구 순으로 매겨볼 수 있겠네요.

이렇게 인프라가 잘 갖춰진 곳일수록 사람들이 선호하는 지역일 가능성이 크고, 사람이 모이면 결국 집값이 상승하는 데에 영향을 줄 수 있습니다.

출처 : 네이버 지도

특히 개별 도시 규모가 중요해지는 지방 도시를 살펴볼 때는 인구수가 많을수록 유리하다는 점도 기억하시면 좋겠습니다.

5일 차 꼭 기억하세요

1. 출퇴근이 얼마나 편리한지도 입지에 영향을 주는 중요한 요소입니다.
2. 서울시와 수도권은 대중교통을 기준으로 상대 비교를 해봅니다.
3. 서울시 출퇴근 비율이 낮은 곳의 교통 입지는 서울시 도심 접근성보다는 일자리 접근성을 기준으로 비교해야 합니다.
4. 지방은 자가용이 주요 출퇴근 수단인 경우가 많으므로 자가용으로 인근 업무 지구까지 도착하는 데 걸리는 시간을 비교합니다.
5. 편의시설이 많을수록 사람들이 선호하는 입지일 수 있습니다.
6. 인프라는 스타벅스와 백화점, 대형마트 점포의 수를 보고 판단하며, 점포 수가 많을수록 상대적으로 입지가 좋다고 판단할 수 있습니다.

5일 차 제대로 마무리하기

☐ 내가 선정한 지역의 주요 일자리는 어디에 있나요?

☐ 내가 선정한 지역에서 주요 업무 지구나 산업 단지까지는 얼마나 떨어져 있나요?

☐ 대중교통 또는 자차로 업무 지구까지 도달하는 과정에서 어떤 차이가 생기나요?

☐ 내가 선정한 지역에는 스타벅스와 백화점, 대형마트 같은 시설이 얼마나 있나요?

입지 이해하기
- 개발 가능성

 '개발 가능성'이라는 단어를 보면 어떤 느낌이 드시나요? 지하철이나 기차 역이 생기고 큰 회사가 들어오거나 대형 쇼핑몰이 입점하는 것을 떠올리셨나요? 이번에 함께 살펴볼 개발 가능성은 그런 방향의 개발보다는 조금 더 기본으로 돌아가, 지역 내에서 재개발과 재건축이 얼마나 계획되어 있고 진행되고 있는지에 관한 내용입니다.

 당장 재개발이나 재건축에 투자할 것도 아닌데 왜 관심을 두고 지켜봐야 할까요? 그건 바로 재개발이나 재건축은 그 지역의 수요를 의미하는 중요한 부분이기 때문입니다.

아주 쉬운 예를 들어보겠습니다. 여러분이 집을 짓는 사람이라고 생각해봅시다. 빈 공터에 집을 짓는 게 쉬울까요, 아니면 기존에 세워져있는 건물을 허물고 짓는 게 쉬울까요? 당연히 빈 공터에 집을 짓는 게 훨씬 쉽겠죠. 건물에 살고 있는 사람을 내보내는 일부터 시작해서 그 건물을 허물고 다시 짓기까지 해야 하니 그만큼 시간과 돈이 더 많이 들기 때문입니다. 그러니 집을 짓는다면 우선 빈 땅을 찾는 것이 우선순위가 될 겁니다.

그런데 둘러보니 집을 지을 만한 땅은 없는데 집을 사려는 사람은 줄을 서 있다면 어떨까요? 그런 경우라면 있는 건물을 허물고 집을 짓는 게 아무리 어렵다고 해도, 비싼 값에 팔릴 게 분명하니 어떻게든 허물고 집을 지으려고 하겠죠.

이 개념을 구체적으로 입지분석과 연결지어 보겠습니다. 재개발이나 재건축이 가능한 연한에 도달한 두 지역 A와 B가 있다고 가정해 봅시다. 현재 A지역의 집들에는 모두 사람이 살고있는데, 더 이상 집을 지을 땅이 없음에도 불구하고 사람들이 계속 모여듭니다. 이런 경우 A지역은 자연스럽게 낡은 집부터 하나씩 허물고 좀 더 높은 집을 지어서 더 많은 사람들이 살도록 하겠죠. 바로 이것이 재개발이나 재건축이 진행되는 원리입니다. 1층짜리 집이나 저층 아파트들이 있는 지역에 사람들이 계속 모여든다면, 이 집들을 허물고 높은 아파트를 지었을 때 수익이 생겨나니 사업이 진행된다는 원리죠.

한편 B지역은 똑같이 1층 집도 많고 저층 아파트도 많지만 재개발이나 재건축 이야기가 나오지 않습니다. 아마 A지역에 비해 상대적으로 사람들이 덜 모여들거나 굳이 집을 허물지 않고도 집을 지을 만한 땅이 주변에 많기 때문일 겁니다. 주변 빈 땅에 좋은 주거지를 만들 수 있으니 그쪽으로 사람들이 모일 테니까요.

따라서 B지역과 같은 곳은 재개발이나 재건축이 진행되기는 어려울 수 있습니다. 이런 지역은 상대적으로 앞서 언급한 A지역에 비해 입지가 떨어진다고 생각할 수 있겠죠.

빈 땅의 규모와 재개발·재건축 현황이 입지에 어떻게 영향을 주는 지 감 잡으셨나요? 지금부터 구체적으로 알아보겠습니다.

빈 땅의 규모

가장 쉽게 빈 땅의 규모를 찾아볼 수 있는 방법은 네이버 위성 지도를 활용하는 겁니다. 우선 네이버 위성 지도에서 빈 땅이 어떻게 표시되는지 부터 알아볼까요? 지도상 흙만 남아있거나 비닐하우스 등이 도시 주변이나 도시 안쪽에 있다면 이를 빈 땅으로 볼 수 있습니다. 빈 땅 중에서도 산에는 아파트를 짓기 어려우니 나무가 울창한 숲보다는 평지가 의미가 있겠죠.

다음 사진은 고양시 일산서구의 외곽지 사진입니다. 오른편에는 아파트 단지가 반듯하게 조성되어 있지만 왼편은 논밭과 비닐하우스가 펼쳐진 평야입니다. 이 지역은 개발이 어려운 지역일 수도 있고, 개발 가능하더라도 아파트가 들어서지 않을지도 모르지만, 지도상에 빈 땅이 많다면 잠재적으로 공급 가능성이 있다고 볼 수 있습니다.

그럼 서울시는 어떨까요? 먼저 강남구입니다. 강남구에는 빈 땅이 거의 없이 빽빽하게 무언가가 들어서 있습니다. 이런 땅에 쉽게 아파트를 짓기는 어렵지만 수요는 이어지니 기존 건물을 허물고 재개발이나 재건축이 자연스럽게 진행된다고 생각할 수 있습니다.

고양시 일산서구의 위성사진

잠재적으로 서쪽에 아파트가 들어설 가능성이 큼

서울시 강남구의 위성사진

지역 안에 비어있는 땅이 없음

출처 : 네이버 지도

다음은 강서구입니다. 강서구에도 빈 땅이 그렇게 많지는 않습니다. 마곡지구에 일부 빈 땅이 있으나 이미 발표된 계획에 따르면 아파트를 공급할 목적은 아니라고 보입니다. 외곽으로 인접한 지역에도 빈 땅이 좀 보이는데, 이런 곳은 시기에 따라 아파트가 공급될 가능성도 있습니다. 이 위치는 아니지만 사진 바깥쪽 빈 땅에는 실제로 3기 신도시인 대장지구가 예정되어있기도 합니다.

마지막으로 강북구입니다. 빈 땅의 규모만 놓고 보면 앞서 살펴본 강서구에 비해 좀 더 적어 보입니다. 이점에서는 강북구가 강서구보다 낫다고 생각할 수 있겠네요.

서울시 강서구의 위성사진

사진 바깥쪽에 빈 땅이 있으며 인근에 3기 신도시가 들어설 예정

출처 : 네이버 지도

그럼 실제로 도심에 빈 땅이 많은 경우도 있을까요? 사실 서울시, 수도권이나 웬만한 광역시급 도시에는 도심 안에 대규모 빈 땅이 있는 경우는 별로 없습니다. 하지만 지방 중소도시로 내려갈수록 도심과 주변에 빈 땅이 많은 걸 쉽게 발견할 수 있습니다.

다음 쪽의 사진은 충남 당진시의 위성사진인데 가운데 도심이 있고, 도심 인근에 황토색의 빈 땅이 많이 보입니다. 이런 경우 잠재적으로 도심과 인접한 지역에 공급이 쉽게 일어날 가능성을 무시할 수 없으며 수요가 충분히 받쳐주지 못한다면 아파트 가격에 안 좋은 영향을 줄 수 있습니다.

그런데 빈 땅이 많다는 것이 무조건 아파트 건설과 공급의 증가로 연결되는 걸까요? 그보다 이 빈 땅들은 전부 쉽게 개발 가능한 땅일까요? 이러한

서울시 강북구의 위성사진

지역 안에 비어있는 땅이 없음   출처 : 네이버 지도

궁금증은 도시기본계획 내에 있는 개발가능지 자료를 통해서 해결할 수 있습니다.

각 도시에서 만든 도시기본계획에는 땅을 어떤 방향으로 관리할지에 관한 큰 그림이 나와 있습니다. 아쉽게도 서울시에서는 빈 땅을 찾기가 어려워 제2의 도시인 부산시의 자료로 대체해 살펴보겠습니다.

부산시 도시기본계획에서 발표한 개발가용지분석도를 살펴보면 분홍색으로 표시된 기개발지와 노란색으로 표시된 개발가능지가 나옵니다. 그리고 하늘색 개발억제지와 초록색 개발불능지도 있네요.

보시다시피 부산시 도심권에는 개발가능지가 거의 없습니다. 그 말은 도심 안쪽은 개발 가능한 땅이 별로 없다는 의미이지만, 재개발의 가능성은 생

충남 당진시의 위성사진

도심 인근에 논밭으로 보이는 빈 땅들이 많음 　　　　　　　　　　　出처 : 네이버 지도

각해 볼 수 있겠습니다. 외곽으로 가면 노란색 표시가 조금씩 있는 걸 보니 외곽에는 신도시 개발이 가능할 수 있습니다. 또한 부산시에는 산이 제법 많은데 초록색으로 표시된 개발불능지는 아마도 산지가 아닐까 생각합니다.

그럼 다른 지역은 어떨까요? 전북권 거점 도시인 전북 전주시도 살펴보겠습니다. 아래 그림에서 흰색 원으로 표시된 노란색 부분이 전주시 도심권 지역인데 이 지역은 대부분 개발이 완성된 기개발지입니다. 그리고 도심부 주변에 진한 파란색으로 표시된 지역들이 개발 가능한 미개발지입니다. 따라서 전주시에도 기존 도심 외곽으로 새 아파트들이 많이 들어설 수 있고 거기에 더해 도심에도 빈 땅이 부족하니 재개발 등이 진행될 수 있을 겁니다.

그럼 앞에서 살펴본 당진시는 어떨까요? 가운데 흰색 점선으로 표시한 붉은 부분이 도심부입니다. 이곳은 기개발지역이지만 그 주변에 상당히 넓은 지역에 개발가능지역들이 노란색으로 퍼져있습니다. 그렇다면 도심부가 전부

도심은 대부분 개발된 지역임
출처 : 2030 부산시 도시기본계획

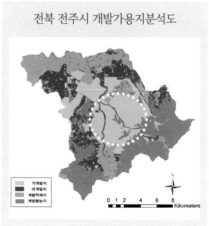

도심에는 개발 가능한 땅이 별로 없음
출처 : 전주시 2025 도시기본계획

개발되더라도 그 주변으로 아파트
들을 쉽게 공급할 수 있을 것으로
예상할 수 있습니다.

　앞서 드린 질문을 떠올리며 정
리해 보겠습니다. 빈 땅이 있으면
무조건 개발이 가능한 것인지, 무
조건 공급의 증가로 연결되는지에
대한 질문이었죠.

　함께 살펴보았듯, 위성지도상
빈 땅이 많더라도 개발가용지 분석

당진시 개발가용지분석도

개발가능지역
기개발지역
개발불능지역
개발억제지역

도심 일부만 개발이 되었으며 개발 가능한 땅이 많음
출처 : 2030 당진시도시기본계획

도와 비교해 보면 실제로는 개발이 불가능한 땅일 수 있었습니다. 이런 경우
아파트가 쉽게 들어서기 어려울 테니 빈 땅이 있더라도 단기간에 공급이 늘어
날 가능성은 낮겠죠. 하지만 개발 가능한 땅이라면 쉽게 공급이 이어질 수 있
으니 빈 땅의 규모와 함께 그 땅들이 쉽게 개발이 가능한 땅인지도 함께 살펴
봐야 합니다.

지역 내 정비사업현황

　다음은 지역 내 정비사업 현황입니다. 앞서 설명드린 대로 어떤 지역에 살
고 싶어 하는 사람은 많은데 그곳에 빈 땅이 별로 없다면 결국 기존에 있던
집들을 허물어야 하고, 그런 재개발·재건축이 활발하게 진행되는 지역일수록
수요가 많은 지역이라고 짐작할 수 있습니다. 이렇게 정비사업이 진행되는 규
모 등을 수치화해서 비교하기에 가장 쉬운 방법은 통계청에서 제공하는 자료

를 살펴보는 겁니다.

국가통계포털 사이트에 접속해서 '국내통계 → 주제별통계 → 건설 → 도시계획현황 → 도시군계획사업 → 정비사업(사업유형별)' 순서로 따라가면 다

서울시 25개 구 재개발 및 재건축 사업구역 및 면적						
소재지 (시군구)별	소재지 (시군구)별	면적 (㎡)	재개발사업		재건축사업	
			지구수 (개)	면적 (㎡)	지구수 (개)	면적 (㎡)
서울시	종로구	2,292,139	116	1,386,633	1	3,423
	중구	1,548,470	93	1,412,612	0	0
	용산구	1,796,338	31	1,344,617	13	380,485
	성동구	1,762,607	29	1,590,473	7	130,252
	광진구	406,747	3	144,110	7	250,053
	동대문구	2,020,495	37	1,661,512	7	230,720
	중랑구	310,773	6	121,777	7	188,996
	성북구	2,435,925	29	2,058,576	4	150,860
	강북구	1,267,616	9	424,555	13	626,651
	도봉구	192,687	1	13,436	1	28,617
	노원구	932,970	9	631,956	5	219,053
	은평구	1,576,152	23	1,346,162	10	229,990
	서대문구	2,331,168	41	1,818,121	10	330,094
	마포구	688,717	63	464,502	7	224,215
	양천구	544,172	8	396,477	5	147,695
	강서구	604,312	1	9,678	28	594,634
	구로구	691,459	4	276,588	10	353,050
	금천구	95,505	0	0	2	38,894
	영등포구	1,698,724	24	1,107,596	17	497,833
	동작구	1,290,282	19	1,122,213	4	120,489
	관악구	863,450	11	700,953	5	111,099
	서초구	2,933,306	0	0	54	2,933,306
	강남구	2,556,174	0	0	45	2,556,174
	송파구	3,087,752	4	369,454	22	2,718,298
	강동구	2,534,518	5	77,064	29	2,457,454

출처 : 통계청

음과 같이 지역별 정비사업 규모와 현황을 확인할 수 있습니다. 참고로 이 자료는 매년 새로 업데이트되니 가장 최신 자료를 참고하시면 됩니다.

서울시의 재개발과 재건축 면적을 합친 데이터를 살펴보면 송파구와 강남구, 강동구가 상위 세 개 지역에 들어있으며 중랑구, 광진구, 도봉구가 하위권에 있습니다. 물론 서울시 안에는 이미 빈 땅이 없는 상황이라 이 면적을 토대로 입지를 판단하기에는 애매할 수 있지만 이 방식으로 지역 간 상대 비교가 가능하다는 점을 기억하시면 좋겠습니다. 지방을 포함하여 상위 열다섯 개 지역을 살펴보면 개발 면적 기준 전국 1위는 서울시가 아니라 경남 창원시입니다. 2위는 경기 성남시이고 3위는 대전시 동구네요. 경남 거점 도시인 창

전국 상위 15개 지역 재개발 및 재건축 사업구역 및 면적

소재지 (시군구)별	소재지 (시군구)별	면적 (㎡)	재개발사업		재건축사업	
			지구수 (개)	면적 (㎡)	지구수 (개)	면적 (㎡)
경상남도	창원시	4,756,561	14	1,207,770	45	3,331,255
경기도	성남시	4,134,400	12	2,215,203	17	675,576
대전시	동구	3,598,602	13	1,148,246	13	706,728
경기도	수원시	3,343,439	11	1,139,407	17	1,202,627
대구시	서구	3,191,339	16	1,162,611	14	700,683
서울시	송파구	3,087,752	4	369,454	22	2,718,298
전라북도	전주시	2,960,894	14	1,015,538	15	457,479
서울시	서초구	2,933,306	0	0	54	2,933,306
대전시	중구	2,564,175	26	1,301,323	8	359,958
서울시	강남구	2,556,174	0	0	45	2,556,174
서울시	강동구	2,534,518	5	77,064	29	2,457,454
경기도	안양시	2,492,287	18	1,441,342	22	1,050,945
서울시	성북구	2,435,925	29	2,058,576	4	150,860
서울시	서대문구	2,331,168	41	1,818,121	10	330,094
서울시	종로구	2,292,139	116	1,386,633	1	3,423

출처 : 통계청

원시와 전북 거점 도시인 전주시가 서울시·수도권 및 광역시에 뒤지지 않을 정도로 개발 면적이 상위권이라는 사실을 파악할 수 있습니다.

더 구체적으로 살펴보기 위해서 지자체별 정비사업 현황을 확인하는 방법이 있습니다. 이 자료는 지자체 홈페이지에서도 확인이 가능하지만 포털사이트에 '○○시 정비사업 현황'을 검색해서 찾아볼 수도 있습니다.

예를 들어 '서울시 정비사업 현황'을 검색해보면, 다음과 같이 '서울 열린데이터 광장'이라는 사이트로 연결되는 경우를 찾을 수 있습니다. 이 사이트에서 자치구별로 현재 진행되고 있는 재개발과 재건축 리스트를 확인할 수 있습니다.

그럼 정비사업이 진행되지 않는 곳도 있을까요? 같은 방법으로 찾아본 원주시 사례입니다. 원주시는 2021년 10월 기준 정비사업이 여섯 개 구역에서 진행되고 있지만, 현재 공사중인 사업 지역은 없습니다. 아마도 혁신도시나 기업도시에 이미 공급이 많았기 때문일 겁니다. 하지만 시간이 지나면서 수요 대비 공급이 부족하다면 도심부도 충분히 발전 가능성이 있으리라 생각합니다.

서울 열린데이터 광장 사이트의 서울시 정비사업 현황 화면 아실이나 부동산지인 사이트에서는 좀 더 쉽게 정비구역을 확인할 수 있습니다. 서울시 강북구를 예시로 살펴보겠습니다.

먼저 아실입니다. 아실에 접속한 뒤, 지도를 확대해 보면 지역 내에서 하늘색으로 표시된 구역이 보이는데, 이 부분이 현재 진행 중인 정비구역의 위치를 나타냅니다. 강북구 지도에서 하늘색으로 표시된 지역이 이곳저곳에 많이 있는 것을 보니 정비사업이 활발하게 진행되고 있다고 생각할 수 있죠.

부동산지인 사이트에서는 조금 더 세부적인 정보도 확인 가능합니다. 부동산지인 빅데이터지도에서 관심이 있는 지역 아파트 단위까지 화면을 확대하면 다음과 같이 하늘색 동그라미로 현재 진행 중인 정비사업 구역과 진행 현황이 표시됩니다.

서울시 강북구 지도를 보면 여기저기에 하늘색 동그라미로 정비사업 형태와 현재 진행 현황이 표시되는데, 이때 노란색 동그라미는 정비사업이 일시 중단된 구역임을 참고하셔야겠습니다.

두 사이트 모두 정비사업 현황을 확인할 수 있지만, 아실에서는 정확한

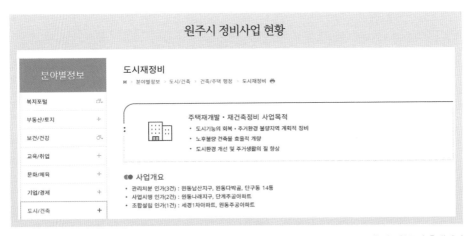

2021년 기준 착공에 들어간 구역은 없음   출처 : 원주시 홈페이지

아실에서 확인한 서울시 강북구의 정비사업 현황

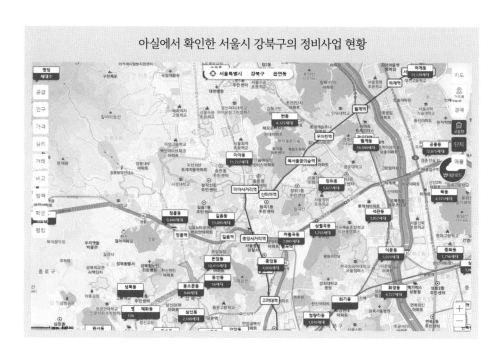

부동산지인에서 확인한 서울시 강북구의 정비사업 현황

세대수를, 부동산지인에서는 정확한 구역을 확인하기 어렵다는 각각의 한계가 있습니다. 따라서 두 사이트를 함께 확인하는 방법도 좋은 방법이겠죠.

6일 차는 개발 가능성을 알아보는 시간이었습니다. 빈 땅이 많다는 것은 쉽게 새 아파트를 지을 수 있다는 것이고, 이점이 투자에는 단점이 될 수 있습니다. 따라서 이때는 경쟁에서 밀릴 수 있는 구축보다는 신축 아파트를 선택하는 편이 유리할 수 있겠죠.

재개발이나 재건축과 같은 정비사업이 활발히 일어난다는 것은, 있는 집을 허물고 새로 지을 만큼 수요가 있다는 의미이기도 합니다. 오늘 함께 알아본 빈 땅을 찾는 방법, 지역별 정비사업을 찾는 방법들을 잘 활용하셔서 관심 지역의 입지분석에도 활용해 보시기 바랍니다.

6일 차 꼭 기억해요

1. 수요가 충분해야 기존 집을 허물고 다시 지을 수 있습니다. (재개발·재건축)
2. 재건축·재개발이 가능하려면 그 지역에 빈 땅이 부족해야 합니다.
3. 빈 땅은 네이버 위성 지도에서 쉽게 확인할 수 있습니다.
4. 도시기본계획에는 집을 지을 수 있는 개발 가능지도 나와 있습니다.
5. 개발 가능지가 적을수록 공급이 어려워 기존 주택과 땅의 가치가
   올라갈 수 있습니다.
6. 정비사업의 구역 면적과 수로도 상대적인 입지 비교가 가능합니다.
7. 정비사업 현황은 인터넷 검색이나 아실, 부동산지인 등에서 확인합니다.
8. 정비사업이 활발히 추진될수록 그 지역의 수요가 많다고도 생각할 수
   있습니다.

6일 차 제대로 마무리하기

☐ 내가 선정한 지역 주변에 빈 땅이 있는지 위성사진을 통해 확인해 봅시다.

☐ 세 지역의 도시기본계획에서 개발 가능지를 찾아봅시다.

☐ 세 지역의 재개발, 재건축 구역과 면적을 찾아서 사업장별 단계와

   착공 여부를 확인해 봅시다.

흐름을 알아야
미래의 가치가 보인다

7일 차

흐름 이해하기
– 공급, 미분양

　지금까지는 지역의 가치를 정확히 판단하기 위한 입지를 공부했습니다. 지역별 도시기본계획에 있는 공간구조를 통해 지역의 큰 그림을 그려보았고, 다양한 자료를 활용하여 인구수, 일자리, 소득 및 지역내총생산, 학군, 교통, 지역 내 인프라, 개발 가능성 등을 비교해 보았습니다.

　이 요소들을 통해 지역별 입지의 차이를 객관적으로 분석할 방법을 충분히 익히셨을 거라고 생각합니다. 나아가 우리나라에서 가장 입지가 좋은 곳이 왜 강남구인지도 객관적인 수치를 통해 판단해 보셨을 겁니다.

　그런데 2일 차 내용을 떠올려봅시다. 아무리 입지가 좋은 강남구라도 아파트값이 무조건 상승하지는 않았다는 것 기억하시나요? 강남구가 우리나라 최고의 입지임에도 시기에 따라서는 하락을 겪기도 했다는 것! 무조건 입지가 좋은 지역에 투자하는 게 가장 좋은 선택은 아닐 수 있다는 점을 떠올려보세요. 그럼 이제부터 무엇을 공부해야 하는지 감이 오시죠?

그렇습니다. 바로 지역의 흐름입니다. 입지가 아무리 좋아도 지역 전체가 하락장이면 함께 조정을 받게 됩니다. 그리고 입지가 조금 덜 좋은 지역이라도 상승 흐름을 탔다면 덩달아 오를 수 있죠. 이번 시간에는 이런 흐름을 이해하기 위한 시간을 가져보려고 합니다.

허기진 퇴근길, 빠르게 허기를 달랠 수 있는 음식을 찾게 되는 상황이라면 고급 요리가 아니라 길거리 포장마차 떡볶이 한 접시로도 충분한 만족감을 느낄 수 있습니다. 든든하게 한 접시 먹고 나면 배가 가득 찼을 테니 누가 호텔에 가서 최고급 코스요리를 사준다고 해도 먹기 어렵겠죠. 그나마 정말 맛있는 디저트 정도는 어떻게든 먹을 수 있을지도 모릅니다.

이번에는 떡볶이집 사장님의 경우를 살펴볼까요? 같은 장소에서 매일 떡볶이를 만들어왔는데 어느 날부터 떡볶이가 불티나게 팔립니다. 그러다 보니 늘 저녁쯤이면 재료가 떨어집니다. 장사가 잘 되니 자연스럽게 만드는 양을 늘리고 가격도 올려받기 시작했습니다. 그래도 어쨌든 팔리긴 합니다.

그런데 만드는 양을 계속 늘리니 부작용이 발생합니다. 떡이 점점 불고 예전의 탱글탱글함을 잃은거죠. 맛이 달라졌다, 값도 비싸졌다라는 소문이 돌면서 손님이 점점 줄어들고 남는 떡볶이가 생기기 시작합니다.

왜 부동산 흐름 이야기를 하다가 뜬금없이 떡볶이 이야기를 하냐고요? 이게 바로 부동산 시장에서 공급의 영향을 받는 흐름의 원리와 비슷하기 때문입니다.

배가 고플 때는 최고급 호텔요리든 길거리 떡볶이든 당장 먹을 것이 필요하니 뭐든 먹게 됩니다. 부동산도 마찬가지로 당장 거주할 아파트가 부족하다면 신축이든 구축이든 입지에 상관없이 전부 팔리게 되겠죠. 살기 위해 음식을 먹어야 하는 것처럼, 생활을 하기 위해서는 집이 필요한데 당장 들어가서 살 곳이 없다면 어떤 집이든 일단 선택해야 하니까요. 이러면 어떤 집이든 만드는 족족 잘 팔리니, 장사가 잘 될 때 떡볶이를 많이 만들기 시작한 것처럼 집도 많이 짓게 됩니다.

집을 짓는 시행사와 건설사들은 처음에는 입지가 좋은 지역들을 위주로 집을 짓습니다. 그래야 잘 팔릴 테니까요. 그런데 짓는 집마다 쭉쭉 팔려나가고 오래된 구축 단지의 가격도 올라가는 걸 보면서 덜 좋은 입지에도 집을 짓게 됩니다. 그러면서 분양가도 조금씩 올리기 시작하죠. 그래도 한동안은 분양이 잘 됩니다. 떡볶이 만드는 양을 늘렸을 때 맛이나 품질이 약간씩 떨어지고 가격은 올랐는데도 초반에는 잘 팔리는 것처럼요.

그러나 서서히 문제가 생깁니다. 이미 여기저기에 집을 지어놓은 상태에서 나중에도 꾸준히 잘 팔릴 것으로 생각하여 입지가 덜 좋은 지역에도 높은 분양가에 집을 짓기 시작했는데, 실제로 입주가 시작되니 사람들이 생각보다 많이 찾지 않는 겁니다. 당연히 다 팔릴 줄 알고 많이 만들어놓은 떡볶이가 이제는 사람들의 관심을 받지 못하게 되는 거죠. 떡볶이가 비싸다고 생각하는 상태가 된 겁니다. 그나마 먹을 수 있는 건 디저트 정도였던 것처럼, 모두가 배부른 상황에서는 가장 맛있고 먹을 만한 음식만 팔리게 되겠죠.

갓 만들어서 따뜻하고 떡과 어묵이 탱글탱글한 떡볶이는 인기가 좋지만 시간이 지나서 붇고 흐물흐물해진 떡볶이에는 손이 가지 않습니다. 아파트도 마찬가지입니다. 안 팔리는 아파트가 쌓여 있는 시기에는 입지가 덜 좋고 연식도 오래된 구축 아파트는 인기가 떨어지게 되겠죠. 이것이 흐름입니다. 상승 흐름을 타면 강남구든 강북구든, 신축이든 구축이든 가격이 올라가게 되지만 아파트를 너무 많이 지으면서 흐름이 꺾이게 되면 입지가 좋은 강남구도 흔들릴 수 있습니다. 특히 높아진 분양가의 영향을 받아 가격이 많이 올라간 기존 아파트들은 입지가 좋더라도 시세가 흔들릴 가능성이 큽니다.

공급

그럼 흐름은 어떻게 읽을 수 있을까요? 흐름을 읽기 위한 여러 지표 중에서도 공급과 미분양을 중심으로 살펴보겠습니다.

공급이란 분양한 아파트에 사람들이 실제로 입주하는 양을 뜻합니다. 즉, 떡볶이의 양이라고 보면 되겠죠. 단기간에 많은 아파트가 들어서면 그 시기에는 아파트를 사려는 사람의 수보다 아파트의 수가 더 많아지면서 아파트 가격에 안 좋은 영향을 줄 겁니다. 더군다나 아파트는 안 팔린다고 그다음 날 바로 만드는 양을 조절할 수 없으니 적어도 3년 정도의 시간이 필요하죠.

당장은 입주할 아파트가 없지만 어느 순간 한 번에 천 세대가 넘는 새 아파트가 들어서는 것처럼 사려는 사람과 팔려는 사람 사이에 타이밍의 차이가 생기게 됩니다. 즉, 새 아파트의 완공 시점에 따라 인근 아파트 가격에 차이가 생기는 것이지요.

따라서 흐름을 읽기 위해 우선적으로 살펴봐야 할 부분은 공급에 해당하는 입주물량입니다. 입주물량은 부동산지인, 호갱노노 사이트를 활용해서 살펴볼 수 있습니다.

먼저 부동산지인입니다. 사이트에 접속 후 '수요/입주'→'지역'을 선택하면 다음과 같이 연도별 입주물량이 막대그래프로 나오고, 인구수의 0.5% 정도

되는 수요량이 빨간색 선으로 표시가 됩니다.

수요를 살펴볼 때, 새로 집을 구하는 수요에서 가장 큰 비중을 차지하는 건 아마 신혼부부일 겁니다. 우리나라 인구 1,000명당 혼인 건수는 2020년 기준 4.2건 정도로 약 0.5%에 가깝습니다. 적정 수요량을 인구수의 0.5%로 보는 것이 이 수치와도 연관이 있지 않을까 생각해볼 수 있겠죠.

결론적으로 수요를 나타내는 빨간색 선보다 입주물량이 적다면 수요 대비 공급이 부족하다고 판단할 수 있습니다.

서울시는 2018~2020년까지 수요 대비 공급이 많았는데 그 이후로는 공급이 부족한 상황입니다. 물론 2024년 이후 어떻게 될지는 알 수 없지만 적어도 2024년까지는 공급이 부족하다고 볼 수 있습니다.

다음은 호갱노노 사이트에서 살펴보는 방법입니다. 호갱노노의 장점은 지역별 입주물량의 차이를 한눈에 확인하기 편하다는 점입니다. 호갱노노 메인 사이트에 접속해서 '공급'을 누른 뒤 원하는 기간을 설정하면 지역 단위 입주물량과 단지를 한눈에 파악할 수 있습니다.

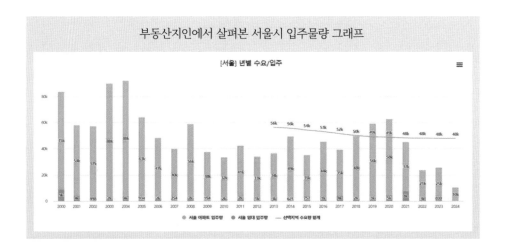

부동산지인에서 살펴본 서울시 입주물량 그래프

2024년까지 강남구의 공급을 살펴보면 아홉 개 단지가 입주 예정이며 약 1만2,738세대 정도 됩니다. 강서구와 강북구는 입주하는 단지들이 각각 986세대와 203세대로, 입주물량만 비교해보면 강남구가 강서구나 강북구에 비해 투자에는 불리해 보일 수 있습니다. 하지만 강남구의 입주물량은 대규모 정비사업의 결과라는 것을 생각해 본다면 단순 수치로만 판단하긴 어렵습니다.

다른 지역도 간단히 살펴보겠습니다. 먼저 경기도입니다. 경기도는 2021~2023년 공급이 약간 초과되고 있는데 자세히 보면 수원시나 화성시, 용인시 처인구 쪽은 입주물량이 많은 편입니다. 이런 경우 단기간에 입주물량이 몰린다면 해당 지역 전세가 등에 영향을 줄 가능성도 있습니다.

추가로 살펴볼 부분은 2009~2010년 입주물량인데 이 시기에는 2기 신도시 입주로 인해 공급이 수요보다 더 많았습니다. 이 시기에는 서울시의 입주물량이 크지 않았음에도 2기 신도시의 입주로 인해 서울시의 시세도 어느 정도 영향을 받았죠.

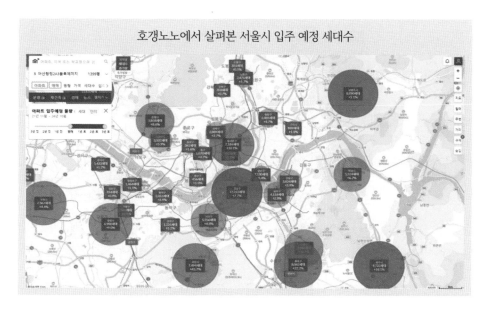

호갱노노에서 살펴본 서울시 입주 예정 세대수

지방 거점 도시도 한번 살펴보겠습니다. 천안시입니다. 천안시는 2018년 까지는 입주물량이 많았으나 그 이후에는 줄어들었습니다. 2021년에는 입주 물량이 별로 없지만 2022년부터는 수요 대비 살짝 초과하게 됩니다. 여기에 인근 지역인 아산시의 입주물량까지 합친다면 제법 많은 공급이 이어지게 될 테니 입주하는 단지들의 위치 등을 감안하더라도 전체적인 시세에 영향을 미 칠 것입니다.

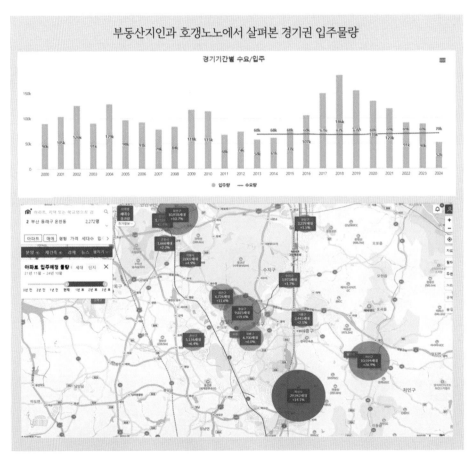

화성시와 수원시, 용인시 처인구에 입주물량이 몰려 있음

참고로 앞장에서 개발 가능 면적이 전국 1위로 소개되었던 창원시도 2017~ 2019년 입주물량이 상당히 많았으나 2020년 이후 입주물량이 부족합니다. 이전 3년에 비해서도 수요에 비해 입주물량이 부족하니 전세나 매매가도 영 향을 받을 수 있습니다. 지금까지 지역별 입주물량을 살펴봤습니다. 입주할 아파트가 부족하다는 것은 공급 대비 수요가 더 많다는 것이니 그 시기에는 아파트의 가격이 올라가리라 예상할 수 있겠죠.

인근 아산시와 합쳐서 보면 많은 입주가 예정됨

그런데 과연 예상은 늘 맞아떨어질까요? 앞서 살펴본 대로 서울시의 입주물량은 2008년 정점을 찍은 뒤 2009~2013년까지는 계속 부족했습니다. 하지만 같은 기간 강남구 대표 단지였던 도곡렉슬은 2008년 잠시 조정된 뒤 2009년 반등했으나 이후 11억 원대에서 2013년 10억 원대까지 약 1억 원 정도 떨어졌습니다. 심지어 강남구 외에도 송파구 잠실동이나 성남시 분당구처럼 입지가 좋은 지역도 같은 기간 동안 시세가 떨어졌습니다.

수요 대비 공급이 부족한 서울시에서 가장 좋은 단지라면 오르지는 못해도 최소한 떨어지지는 않는 게 정상 아닐까요?

물론 2016~2017년 이후부터 본격적인 반등이 시작되어 2021년까지 상승세가 진행 중이지만, 대체 그 시기에는 왜 공급이 부족했음에도 아파트 가격은 오르지 않고 지지부진했을까요? 이것을 알기 위해서는 입주물량과 함께 살펴봐야 할 것들이 있습니다.

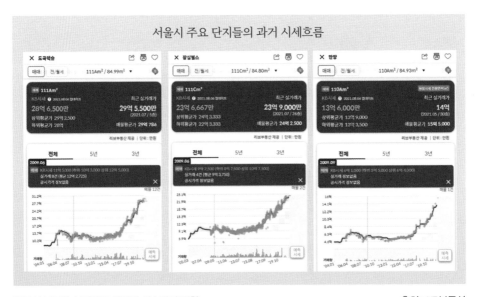

서울시 주요 단지들의 과거 시세흐름

공급이 부족한 시기에도 시세가 상승하지 못함　　　　　　　출처 : KB부동산

미분양

앞서 떡볶이 이야기로 잠시 돌아가 보겠습니다. 처음에는 떡볶이가 만들어지는 대로 팔렸지만, 양을 늘리고 가격을 올리니 갓 만든 떡볶이임에도 팔리지 않고 남는 것이 생겼습니다. 미분양 물량은 바로 그 남는 떡볶이입니다. 사람들이 좋아하는 신축 아파트임에도 불구하고 어떤 이유에서인지 팔리지 않고 남게 된 상품이죠.

왜 팔리지 않았을까요? 일단 너무 많이 지었다는 점과 가격이 너무 높다는 점이 이유가 될 수 있습니다. 게다가 아파트를 잔뜩 지어 놓은 것과는 별개로 수요는 갑자기 늘어나지 않습니다. 그래서 신축임에도 남는 아파트가 생기는 거죠. 따라서 공급과 함께 살펴봐야 할 포인트가 바로 미분양입니다. 지역에 미분양 아파트가 많다는 것은 수요보다 공급이 많았다는 것이고, 선호도가 높은 신축 아파트가 다 팔려나갈 때까지는 아무래도 기존 아파트가 팔리기는 어렵겠죠.

미분양 현황도 앞서 살펴본 부동산지인 사이트에서 확인할 수 있습니다. 메인 화면에서 '지인빅데이터'로 이동 후 미분양을 선택하고 지역을 선택하면 지역별 미분양 현황을 볼 수 있습니다. 2010년 이전 데이터는 나와있지 않은 관계로 그 이후 데이터를 이용해 서울시의 시세를 살펴보니, 2010년부터 2015년까지 미분양이 많았는데 특히 2012~2014년 사이에는 더 많았습니다. 그리고 2017년 이후로 현재까지는 미분양이 없습니다.

그럼 앞서 확인한 바와 같이 이 시기에 강남구부터 분당구까지 모두 시세가 오르지 않은 이유는 무엇때문이었을까요? 그 이유를 당시의 미분양 현황을 보면서 찾아볼 수 있습니다. 입주물량이 부족하더라도 그 이전에 지어놓은 아파트들이 너무 많아 미분양이 넘쳐나는 상황이라면 어떨까요?

미리 만들어 둔 떡볶이가 제대로 팔리지 않는다면 떡볶이집 사장님은 떡볶이를 새로 만들지 않을 겁니다. 건설사나 시행사도 마찬가지로 기존에 지어놓은 아파트들이 팔리지 않은 상황이라면 새로 짓기보다는 이미 지어놓은 걸 팔기 위해 애를 쓰겠죠. 그러면 자연스럽게 새로 짓는 아파트는 줄어들고 입주물량도 줄어들게 됩니다. 그래서 이렇게 미분양이 많이 쌓여있는 경우는 입주물량이 줄어들어도 시세가 바로 상승할 수는 없는 상황이 됩니다.

하지만 미분양으로 인해 계속해서 아파트를 짓지 않으면 언젠가 시세는 다시 상승하게 되겠죠. 특히 서울시에는 빈 땅이 없어서 금방 새로 짓기도 어려우니 쉽게 공급량을 늘리기도 어려웠을 겁니다. 그 결과로, 2017년 이후 서울시 미분양이 모두 소진되고 2018년 이후 입주물량도 서서히 줄어들면서, 2017년 이후 본격적인 상승장을 맞이한 것이죠.

앞서 살펴본 강남구나 송파구 잠실동, 성남시 분당구를 포함한 대부분의 단지가 2017년에 비해 2021년 현재 시세가 상당히 많이 상승했습니다. 입주물량이 감소한 것과 함께 미분양이 사라지는 시기에 시세가 올라갔다고도 볼 수 있겠죠.

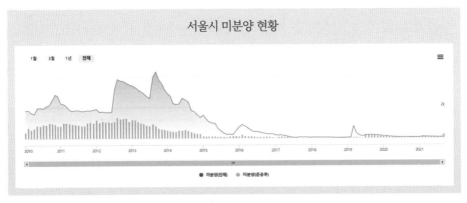

출처 : 부동산지인

다른 지역들은 어땠을까요? 천안시의 입주물량은 2018년까지 최대치를 찍었는데 그 시점에 미분양도 고점을 찍고 서서히 감소하기 시작했습니다.

천안시의 입주물량이 2018년까지 수요 대비 높았다는 점 기억하시죠? 그럼 시세는 어떻게 흘러갔을까요?

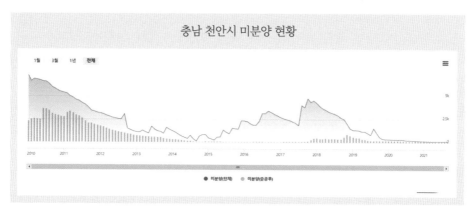

출처 : 부동산지인

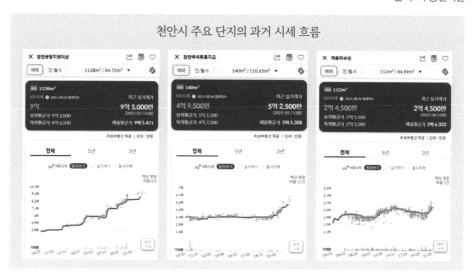

2018년 이후 본격적으로 상승하기 시작함

출처 : KB부동산

미분양이 본격적으로 줄어들기 시작한 2018년 이후 몇몇 단지들의 시세를 확인해 보면, 타이밍에 차이는 있지만 미분양과 입주물량이 모두 감소하고 있는 시기에 신축부터 구축까지 전체적으로 시세가 상승했습니다.

향후 2~3년간 입주물량도 이전 하락장 때처럼 많지 않고 미분양도 없는 수준이니 전체적인 분위기는 괜찮을 것으로 생각합니다.

경남 창원시의 경우 2016년부터 미분양이 증가하기 시작해서 상당히 많은 상태로 2020년 중반까지 유지되다가 현재는 거의 사라진 상태입니다. 2020년 대규모로 상승한 미분양(준공후) 수치는 마산합포구 특정 단지의 영향이 있었던 것으로 보입니다.

전체적인 흐름을 보면 현재 미분양도 다 소진되었고 향후 입주물량도 없으니 상승할 가능성이 좀 더 높다고 볼 수 있겠죠. 실제로 2020년 이후 창원시 부동산 시세가 많이 상승했습니다.

이 기간 창원시 주요 단지들의 시세를 살펴보겠습니다. 연식에 상관없이 2019년 이후 상승 쪽으로 움직이고 있습니다. 역시 입주물량이 줄어듦과 동시에 미분양 물량도 같이 줄어들 때 시세는 상승할 가능성이 크다는 점을 기억하시면 좋겠습니다.

오늘은 부동산 시세 흐름에 영향을 주는 원인 중 공급과 미분양에 대해서 살펴봤습니다. 처음 시작했던 떡볶이집 이야기 기억하시죠? 떡볶이를 사려는 사람이 많으면 떡볶이를 더 많이 만들어도 쭉쭉 팔리는 것처럼 아파트의 수가 사려는 사람들보다 적으면 가격이 올라갈 가능성이 크다는 점 기억하시되, 공급만으로 시세가 움직이지 않던 시기도 있었음을 참고하셔야겠습니다.

서울시의 경우 수요 대비 공급이 부족했던 시기에도 아파트 가격이 오르지 않던 시기가 있었는데 이것은 앞서 너무 많이 지어놓은 아파트들이 아직 팔리지 않았기 때문일 수 있고, 이 수치가 미분양으로 나타났기 때문입니다.

그래서 입주물량과 함께 살펴봐야 할 지표가 바로 미분양이었습니다. 미분양이 없거나 줄어드는 상황인데 입주물량까지 감소한다면 시세가 상승하는 방향으로 움직일 가능성이 크다고도 생각해볼 수 있습니다. 선호도가 높

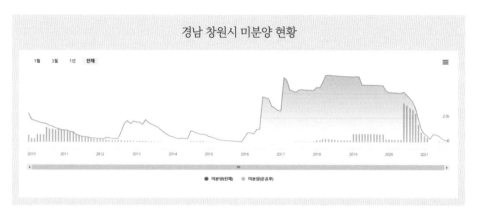

경남 창원시 미분양 현황

출처 : 부동산지인

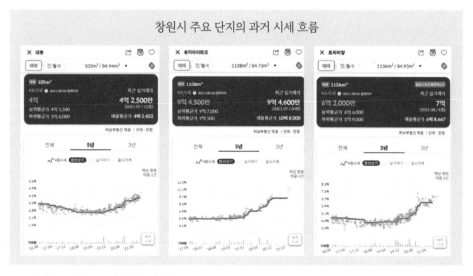

창원시 주요 단지의 과거 시세 흐름

2019년 이후 본격적으로 상승하기 시작함

출처 : KB부동산

은 신축 아파트가 당장 부족한 상황이니 신축부터 구축까지 관심을 가질 수 있는 시장이 되는 거니까요. 그러니 입주물량과 함께 미분양 수치와 추세도 같이 살펴보시며 향후 흐름을 생각해보기 바랍니다.

7일 차 꼭 기억해요

1. 수요 대비 공급이 적은 경우가 시세 상승에 유리합니다.
2. 수요는 새로 생겨나는 신혼부부 수요를 중심으로 확인합니다.
3. 공급은 부동산지인이나 호갱노노 사이트에서 확인 가능합니다.
4. 공급이 부족해도 시세가 떨어질 수 있습니다.
5. 이 경우에는 지어놓은 미분양 물량이 남아있을 가능성이 큽니다.
6. 따라서 흐름을 정확히 살펴보기 위해서는 공급과 미분양을 함께 살펴봐야 합니다.
7. 공급물량이 줄어들고 미분양도 없다면 시세가 상승할 가능성이 큽니다.
8. 흐름을 읽기 위해서는 공급 추이와 함께 미분양 수치를 함께 살펴봐야 합니다.

7일 차 제대로 마무리하기

☐ 내가 선정한 세 지역의 향후 3년간 입주물량을 확인해 봅시다.

☐ 내가 선정한 세 지역의 미분양 물량도 확인해 봅시다.

☐ 내가 선정한 세 지역의 미분양 물량의 증감 추세도 같이 확인해 봅시다.

8일 차

흐름 이해하기
― 시세 변화, 전세가율

7일 차에서는 공급과 미분양을 통해 지역의 흐름을 살펴봤습니다. 단순히 공급만 줄어든다고 시세가 금방 오르는 것이 아니니, 그간 쌓인 미분양 물량이 줄어드는 추세인지를 함께 확인해야 한다는 내용이었죠.

그럼 현시점에서 저평가된 아파트를 찾을 때 이 두 가지 지표만 살펴보면 충분할까요? 크게 보면 그럴 수도 있지만 그외에도 조금 더 살펴봐야 할 부분이 있습니다. 특히 투자란 싸게 사서 비싸게 파는 것이 원칙임을 생각한다면 지금부터 함께 살펴볼 부분을 반드시 점검하고 넘어가야 합니다.

관심 지역에 입주물량과 미분양 물량이 없다고 해도 향후에 상승이 계속되리라는 보장은 없습니다. 어느 한 지역만 지속적으로 오를 수 없는 것이 우리나라 부동산 시장의 특징이기도 하죠. 투자 시장의 명언인 '영원한 상승도 하락도 없다'라는 말을 떠올려보면 단기간에 너무 많이 상승한 지역들, 특히 실거주보단 투자 수요가 몰린 지역들은 시간이 흐르며 수익을 내기 어려워질 수 있습니다.

예를 들어 관심 지역에 미분양도 거의 없고 향후 입주물량도 별로 없는 상태라고 가정해 보겠습니다. 그런데 이 지역에 있는 어떤 한 아파트의 값이 떨어지지 않고 5년 이상 세 배가 넘게 오른 경우, 이 물건을 무조건 안정적인 투자처라고 확신 할 수 있을까요? 과연 이 물건의 실제 가치는 얼마 정도이고, 이 물건에 현재 얼마나 많은 투자 수요가 붙어있다고 볼 수 있을까요?

거주 목적으로 매입했더라도 누구나 내 집의 시세가 올라가길 바라는 마음이 있습니다. 이런 기대 심리가 매매가에 반영되어 임대 시세 대비 가격이 더 올라가는 경우도 생깁니다. 차익에 대한 관심을 받기 시작하면 원래의 가치보다 더 큰 가격으로 매매가 이루어지기도 하는 것이죠. 그래서 입주물량과 미분양과 함께 살펴봐야 할 부분은, 그 물건이 과거에 비해 얼마나 상승했는지, 그리고 그 상승이 어떤 수요에 의해 발생했는가를 확인하는 것입니다. 그걸 알아볼 수 있는 지표가 바로 시세변화와 전세가율입니다. 오늘은 이 두 가지 지표에 대해서 하나씩 살펴보겠습니다.

시세변화

투자자라면 주식이든 부동산이든 '발목'에 사서 '머리'에 팔기를 꿈꾸리라 생각합니다. 싸게 사서 비싸게 판다는 의미죠. 주식을 예로 들어 생각해 보겠습니다. A전자 주식이 7만 원인데, 8만 원이던 게 떨어져 7만 원이 된 경우와

6만 원에서 올라 7만 원이 된 경우 중 어떤 경우가 더 안정적인 투자 시점일까요?

기업의 가치가 동일하다면, 가격이 똑같이 7만 원이라도 8만 원에서 1만 원이 빠져 7만 원이 된 상황일 때 투자를 하는 것이 1만 원의 마진을 가지고 시작한다 생각할 수 있으니 더 안정적이라고 판단할 수 있습니다.

부동산에도 동일한 논리가 적용됩니다. 서로 다른 지역에 있지만 같은 평형에 가격도 똑같이 7억 원인 아파트 두 채가 있습니다. 똑같이 현재 매매가가 7억 원 이더라도, 8억 원이던 아파트가 7억 원이 된 경우와 6억 원이던 아파트가 7억 원이 된 경우는 다른 의미를 갖습니다. 아마 1억 원이 오른 후자의 경우보다는 1억 원이 떨어진 전자의 경우가 바닥에 가깝다고 생각할 수 있겠죠. 그렇다면 바닥에서 투자를 하기 위해서는 이전보다 가격이 상승한 지역보다는 시세가 조정된 지역이 나을 수 있겠네요. 물론 더 떨어질 수 있다는 위험이 있겠지만, 이미 1억 원이 오른 단지보다는 시세 차익이 커질 가능성도 있으니까요.

이런 상황을 읽는 것이 바로 시세 변화를 확인하는 것입니다. 관심 지역이 이전에 얼마나 올랐고 떨어졌는지를 살펴보면서 현재 가격이 바닥에 가까운지 천장에 가까운지를 대략적으로 판단해볼 수 있습니다.

이전 시세는 호갱노노 사이트에서 확인할 수 있습니다. 호갱노노 사이트 메인 화면 좌측에서 '변동'을 선택하고 3년 전까지 시세를 선택합니다. 그다음 '유형'을 눌러 '아파트'를 선택합니다. 이어서 화면 우측으로 이동하여 '필터'를 선택한 뒤 10평 이상, 100세대 이상 단지를 골라 너무 작은 평형은 제외합니다. 그리고 지도에서 단지 단위까지 표시되도록 화면을 확대해서 지역 안에 있는 아파트들의 전체적인 시세 변화를 확인합니다. 이 방법을 통해 몇몇 지역의 시세를 확인해 보겠습니다.

먼저 강남구입니다. 강남구는 지난 3년간 가격이 하락한 단지가 없으며 대부분의 단지가 50% 이상 올랐습니다.

이어서 강서구와 강북구입니다. 두 자치구 모두 3년 동안 대부분의 단지가 상승했으며 90%까지 오른 단지도 있습니다. 서울시는 상승장이 계속 이어지고 있다 보니 지난 3년간 시세가 꽤 많이 오른거죠. 따라서 강남구뿐만 아니라 강서구와 강북구도 현재 바닥이라고 보기는 어렵습니다. 특히 소규모 단지나 구축까지 전체적으로 모두 오른 걸 보면 상승 흐름이 멀리까지 퍼졌다고도 생각할 수 있습니다.

서울시와 수도권에는 지난 3년간 떨어진 지역이 별로 없습니다. 2021년 가을에도 상승이 진행 중이었고 핵심지에서 시작된 상승 흐름이 변두리까지 이어지고 있습니다.

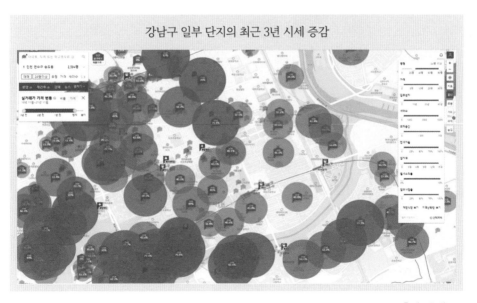

강남구 일부 단지의 최근 3년 시세 증감

출처 : 호갱노노

지방의 경우는 어떨까요? 먼저 지난 3년간 상승한 지역인 경남 김해시입니다. 김해시에서 신도시에 속하는 지역은 장유동과 율하동인데 대부분의 단지가 상승했으며 일부 외진 곳에 있는 단지들만 약간 조정 중입니다. 이 정도

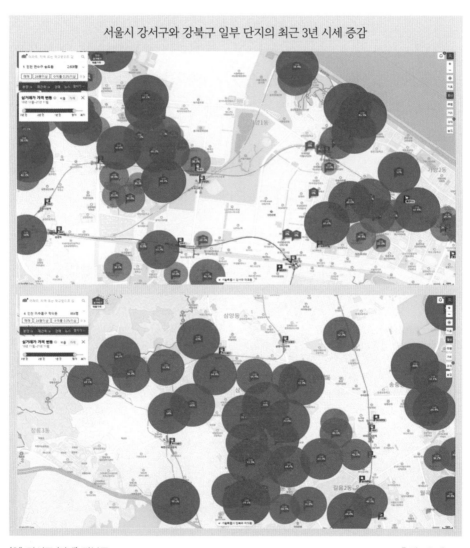

서울시 강서구와 강북구 일부 단지의 최근 3년 시세 증감

(위) 강서구 (아래) 강북구   출처 : 호갱노노

면 바닥이라고 보긴 어렵겠죠.

　다음은 익산시입니다. 익산시는 가격이 상승한 단지도 있지만 하락한 단지도 있습니다. 주로 신축 단지가 상승했고 구축 소형 단지 위주로 시세 회복이 더딥니다. 시간이 흐르며 상승 흐름을 타면 구축도 같이 움직일 수 있지만 상승장에선 신축이 먼저 움직입니다. 그런 면에서 익산시는 김해시에 비해 바닥에 더 가깝다고 볼 수 있겠죠. 혹은 바닥을 딛고 이제 상승으로 들어서는 시기가 아닐까 생각할 수도 있습니다.

　마지막으로 목포시입니다. 도시 규모가 김해시나 익산시에 비해 작고, 지난 3년간 시세 조정을 많이 받은 지역입니다. 이 기간 동안 버틴 단지들은 주로 신축 단지들입니다. 그렇다면 앞서 살펴본 두 지역에 비해 바닥에 가장 가까운 지역이라고 생각할 수 있습니다. 물론 이 이유만으로 투자를 결정하기보다는 다른 요소들도 같이 살펴봐야겠죠.

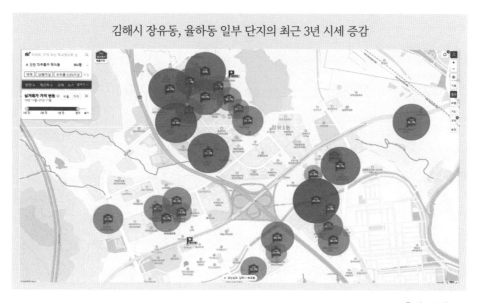

김해시 장유동, 율하동 일부 단지의 최근 3년 시세 증감

출처 : 호갱노노

익산시 일부 단지의 최근 3년 시세 증감

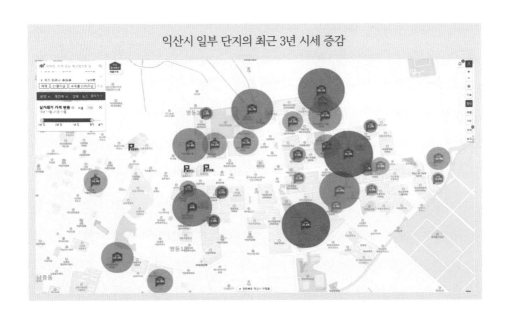

목포시 일부 단지의 최근 3년 시세 증감

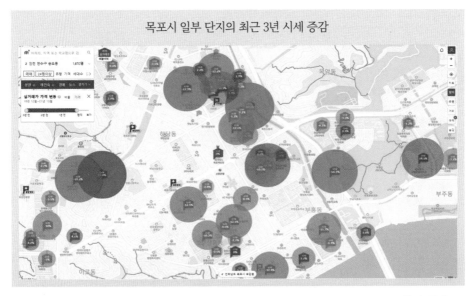

출처 : 호갱노노

이처럼 그간 얼마나 조정을 받았는지 확인하여 흐름상 지금이 저점인지를 판단해 볼 수 있습니다. 모든 지역이 똑같이 떨어지고 오르는 게 아니라 같은 기간 동안 하락한 지역도 있고 상승한 지역도 있습니다. 그러니 이곳저곳을 살펴보면서 이전에 비해 시세가 하락한 지역들을 잘 살펴보면 상대적으로 덜 오른 지역을 고른다면 좋은 수익을 얻을 수 있으리라 생각합니다.

물론 지난 3년간 오른 지역인데 수요가 충분하고 앞으로 공급도 부족하다면 더 오를 가능성도 있습니다. 하지만 투자의 관점에서 바닥은 아닐 수 있다는 점을 기억하셔야겠습니다.

전세가율

추가로 살펴볼 또 하나의 지표는 전세가율입니다. 전세가율이란 매매가 대비 전세가의 비율을 뜻합니다. 전세가율은 투자와 어떤 관련이 있을지 예를 들어보겠습니다. 여러분이 매일 차로 출퇴근해야 하는 상황이라고 가정해 봅시다. 차를 사든 렌트를 하든 자동차가 꼭 필요한 상황이죠.

차를 구매하는 경우 2,000만 원을 지출해야 하지만, 자유롭게 타다가 팔고 싶을 때 팔고 다른 차를 살 수 있습니다. 만약 차를 사려는 사람이 많으면 2,000만 원보다 더 비싸게 팔 수도 있겠죠.

한편, 차를 빌리는 경우에는 보증금 500만 원만 있으면 됩니다. 보증금은 2년 뒤 고스란히 돌려받을 수 있지만 빌리는 기간 동안 차에 흠집이나 사고로 인해 외관이 망가지지 않도록 잘 관리해야 합니다.

당장 돈이 부족한 사람은 사는 것보단 빌리는 방법을 선택할 겁니다. 1,500만 원의 돈을 아낄 수 있고 보증금 500만 원도 2년 뒤 돌려받을 수 있으니까요.

자, 그런데 사람들이 차를 안 사고 다들 빌리려고 하자 대여 보증금이 서서히 올라갑니다. 대여 기간이 끝나 보증금 500만 원을 돌려받은 사람이 차를 다시 빌리려고 하니 보증금이 1,500만 원으로 올랐습니다. 다행히 차량 구매 가격은 2,000만 원으로 비슷합니다. 이런 상황이라면 2년마다 오락가락하는 대여료도 신경 쓰이고 빌린 차가 망가질까봐 신경 쓰기도 귀찮으니 그냥 돈을 조금 더 보태서 차를 구매하는 사람들이 생기기 시작할 겁니다.

이 이야기를 아파트에 적용해 보겠습니다. 어떤 아파트의 매매가는 5억 원이고, 전세는 2억 원이라고 가정해 봅시다. 같은 아파트에 사는데 주거비를 3억 원이나 줄일 수 있으니 전세를 선택하는 사람들이 꽤 많을 겁니다. 그런데 사람들이 매매보다는 계속 전세를 선택하니, 매매가는 제자리인데 전세가만 계속 올라갑니다. 그러다 결국 전세가가 4억 5,000만 원까지 올랐다면, 이쯤에서 분명히 누군가는 아파트를 사는 것도 고민하게 되겠죠. 빌리는 것과 매매하는 게 비용면에서 큰 차이가 나지 않고, 빌려서 살다 보니 임대인과의 관계, 집 관리, 만기 시 이사 등 이런저런 스트레스가 생기기 때문이죠.

따라서 그간 집을 사지 않던 사람들이 집을 사려고 마음을 바꾸는 시기는 전세가율이 점점 높아지다가 거의 최고점에 다다른 경우가 많습니다. 전세가가 매매가 못지않게 오른 지점, 즉 전세가율이 높은 지점이 투자하기에 좋은 타이밍이라고 볼 수 있겠죠. 빌리는 가격으로 집을 살 수 있는 기회이면서 전세가보다 매매가가 떨어지기는 어려울 테니까요. 그래서 흐름을 살펴보기 위해 관심 지역의 전세가율을 살펴보는 것도 좋은 방법입니다.

전세가율은 단지별로 매매가와 전세가를 찾아 직접 계산해볼 수 있지만, KB부동산(https://kbland.kr)에서도 확인할 수 있습니다.

지도를 확대해서 아파트 단위가 표시되면 오른쪽 구석에있는 아이콘을 눌러 준공년도로 설정되어 있는 범례를 '전세가율'로 바꾸어 줍니다. 그다음 화면 상단에서 면적을 99~132㎡로 설정하고 전체적인 전세가율을 확인합니다.

먼저 강남구입니다. 강남구는 전세가율이 대부분 50~60% 정도인데 재건축 이야기가 나오는 구축 아파트들은 30~40% 내외입니다. 매매가는 나중에 가격이 오를 것이라는 기대감 때문에 높게 형성될 수 있지만 전세가는 지금 당장 거주할 환경만 고려하여 형성되는 비용입니다. 재건축 단지들은 실거주로 살기에는 낡고 불편하니, 매매가에 비해 전세가가 비교적 저렴해지면서 전세가율이 낮아지는 것이죠. 이런 단지들은 실제 거주 가치보다는 향후 새 아파트로 바뀔 것에 대한 기대감이 매매 시세에 반영되었다고 볼 수 있습니다.

이어서 강서구입니다. 강서구는 강남구보다 전세가율이 약간 높은데 50% 내외에서 시작해서 일부는 70%가 넘는 경우도 있습니다.

강남구 일부 단지의 전세가율

평균 50~60% 정도이며 재건축 예정 단지들은 더 낮음

출처 : KB부동산

강서구 일부 단지의 전세가율

평균 50~60% 정도이며 재건축 예정 단지들은 더 낮음

강북구 일부 단지의 전세가율

60~70% 정도의 전세가율

출처 : KB부동산

마지막으로 강북구입니다. 강북구의 전세가율은 60~70% 정도로 강서구와 전반적으로 비슷한 느낌입니다.

전세가율을 살펴봤을 때 전세가와 매매가의 차이, 즉 전세가율이 가장 작은 지역은 강남구입니다. 그렇다면 강남구는 구매 수요가 발생하는 시점은 아닐 수 있겠죠. 물론 재건축 단지처럼 신축이 들어서기를 기대하는 투자 수요는 예외지만 그 외 단지들도 전세가율이 50% 정도라면 전세로 거주하던 사람들이 매수를 고려하는 시기라고 보기는 어렵습니다. 이 경우에 발생하는 매수 수요는 향후 시세가 더 올라가기를 기대하는 수요라고 볼 수 있겠죠. 대신 강서구나 강북구에서 전세가율이 70% 정도 되는 단지들은 흐름상 강남구에 비해 매매로 전환되는 수요가 조금 더 많다고 생각할 수 있겠네요.

그렇다면 전세가율이 훨씬 높은 지역도 있을까요? 2021년 하반기가 되면서 인천시 부동산 시장이 상당히 뜨거웠습니다. 인천시는 2021년 8월 기준 전세가율이 70~80% 정도입니다. 이 정도로 매매가와 임대가의 차이가 적다면 누군가는 임대보단 매매를 선택할 수 있고, 특히 전세를 활용한 갭투자에서도 투자금이 줄어든다는 장점이 있으니 관심을 받았을 것이라 생각합니다. 또한 인천시에서 서울시로 출퇴근 수요가 많은 지역은 서울시의 높은 임대료 부담을 피해 옮겨온 사람들이 매수하는 사례도 있으리라고 생각할 수 있습니다.

그럼 지방은 어떨까요? 세종시는 거주하기에 참 좋은 도시이지만 전세가율은 40% 내외로 강남구보다도 낮습니다. 이 정도라면 매수하기에는 부담이 될 수 있죠. 매수로 전환되는 수요가 많지 않고, 매매가가 전세가에 비해 너무 높다는 것은 매매 시세에 거주 가치 외에 다른 가치가 반영되어 있다고 볼 수 있으니까요.

한편 광주시 광산구는 전세가율이 70~80%에 육박하는 단지들도 눈에

인천시 일부 단지의 전세가율

70~80% 정도로 서울시에 비해 높은편임

세종시 일부 단지의 전세가율

40% 내외

출처 : KB부동산

광주시 광산구 일부 단지의 전세가율

전세가율이 70~80%에 육박하는 단지들이 눈에 띔   출처 : KB부동산

띕니다. 이렇게 전세가율이 높다면 세종시에 비해 매수 수요가 조금 더 많을
수 있습니다.

 그럼 전세가율은 시세 흐름에 어떤 영향을 미쳤을까요? 7일 차 공급 파트
에서 잠깐 등장했던 도곡렉슬과 잠실엘스를 예시로 살펴보겠습니다. 2009년
입주물량이 줄어드는 시기에서도 조정장이 이어졌던 것 기억하시나요? 이 시
기에 두 단지의 전세가율은 약 39%였습니다. 이어서 2014년 이후 상승장이
시작될 때 전세가율은 약 71%였습니다.

 7일 차 공급 파트의 내용과 연결지어 생각해 보니, 전세가율이 낮으면 공
급이 부족하더라도 조정이 될 수 있다는 추측도 가능하겠네요.

 그런데 2021년 두 단지의 전세가율은 다시 60% 이하로 낮아진 상태입니
다. 전세가율은 왜 다시 낮아진 걸까요? 두 단지의 현재 매매가가 과거에 비

(좌)도곡렉슬과 (우)잠실엘스의 2009년 전세가율

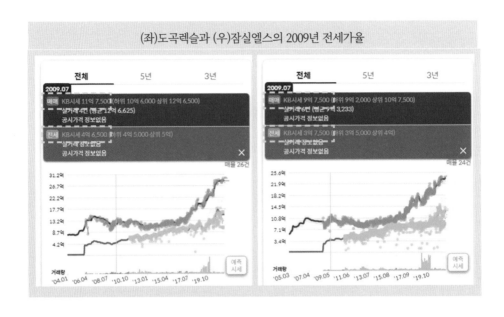

(좌)도곡렉슬과 (우)잠실엘스의 2014년 전세가율

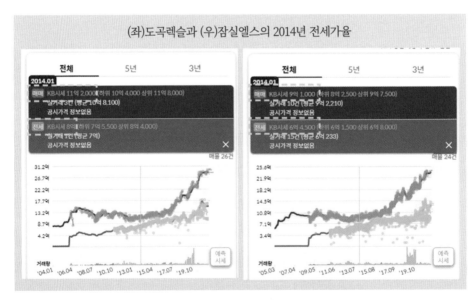

사진의 매매, 전세 시세를 확인해 보면 2009년 조정장 2014년 상승장의 전세가와 매매가가
확연한 차이를 보인다

출처 : KB부동산

해 약 두 배 정도 상승한 것이 원인일 수 있습니다.

앞서 살펴봤듯 기존 아파트 가격이 올라가면 자연스럽게 시행사와 건설사들은 아파트를 많이 짓기 시작합니다. 기존 아파트 가격이 올라간 만큼 비싼 값에 분양을 할 수 있고 그만큼 수익이 되기 때문이죠. 그래서 상승장 후반부로 갈수록 최대한 높은 분양가로 집을 많이 짓게 됩니다. 이때 사람들은 집값이 계속 오를 거란 기대감에 힘입어 분양가가 높아졌음에도 분양을 받거나 이미 많이 오른 아파트를 매수하기도 합니다. 거주 비용을 따졌을 때 임대하는 게 더 유리하더라도 시세차익에 대한 기대로 매수를 선택하는 경우가 생기니 전세가보다 매매가가 좀 더 가파르게 올라가면서 전세가율은 점점 낮아지게 됩니다.

또한, 매매가가 가파르게 올라가서 전세가율이 저점에 다다랐다는 것은 시세차익을 기대하는 투자수요가 거의 최고에 다다랐다는 의미라고 볼 수도 있겠죠. 특히 투자로 접근해서 매수한 아파트는 실거주자가 아닌 임대용으로 사용됩니다. 그런데 시장 막바지에 분양한 여러 단지가 하나둘 입주를 시작해 임대로 나오는 물량이 많아지면 시장 경쟁에 의해 임대료는 오르지 못하게 됩니다. 결국 상승한 아파트 가격에 비해 전세가는 상승하지 못하면서 전세가율은 점점 낮아지게 되고 결국 하락장이 시작되게 됩니다.

그럼 낮아졌던 전세가율은 언제 올라가는 걸까요? 하락장에서는 사람들이 집값이 올라갈 거라는 기대를 별로 하지 않기 때문에 당장 자신에게 유리한 거주 조건을 우선적으로 생각하게 됩니다. 같은 지역에 거주하는데 전세로는 2억 원, 매수는 5억 원을 지불해야 한다면 하락장에서는 전세를 선택하는 사람들이 아무래도 많을 겁니다.

또한 건설사들은 미분양이 쌓여있는 상황에서 집을 더 짓는 게 돈이 안

되니 공급을 줄이게 됩니다. 사람들이 매매보다는 전세를 선택하는 상황인데 새 아파트는 부족하니 자연스럽게 전세가는 올라가게 되겠죠.

즉, 전세가는 입주물량의 흐름에 가장 큰 영향을 받습니다. 매수 수요는 얼마 안되는 상황에서 전세가가 올라가기 시작하면 전세가율은 자연스럽게 높아지고 사람들은 다시 전세와 매매에 가격 차이가 좁혀지는 시점을 맞게 되죠. 그리고 서두에 말씀드린 것처럼 누군가는 집을 사기 시작하게 되는 시기가 돌아오게 됩니다.

이렇게 입주물량과 미분양, 전세가율, 이전 시세 흐름은 따로 떨어져서 움직이는 게 아니라 다 같이 맞물려서 움직이기 때문에 잘 활용하면 적절한 타이밍을 찾을 수 있습니다.

그럼 흐름상 좋은 타이밍은 어떻게 판단할 수 있을까요? 우선 입주물량은 부족한 게 좋겠죠. 입주물량이 부족하면 전세 시세가 올라갈 테고 전세가율이 높아질 테니까요. 그러면 매매가도 따라서 올라갈 가능성이 크니 전세가율이 높은 지역이 낮은 지역보다 유리할 수 있습니다.

또한, 미분양이 없거나 확연히 줄어들고 있다면 입주물량이 없을 때 매매가 시세는 올라갈 수 있겠죠. 팔리지 않고 쌓인 새 아파트들이 모두 소진됐다는 의미니까요. 거기에 더해 그동안 시세가 계속 하락한 경우라면 가격이 바닥일 가능성이 높으니 곧 상승할 가능성도 크리라 예상할 수 있습니다.

반대로 향후 입주물량이 많이 예정된 상태인데 미분양도 증가하거나, 전세가율이 이전에 비해 낮아진 지역은 그동안 상승장이 이어진 지역이라 앞으로 조정을 받을 가능성이 클 수 있습니다.

도시 규모에 따라 상승 폭에는 차이가 있지만 한번 상승 흐름에 들어서면 시간이 지나면서 신축 단지와 입지 좋은 지역을 시작으로 상승폭이 서서히 퍼지게 됩니다.

가뭄이 들었을 때와 홍수가 났을 때 시냇가에 흐르는 물의 양이 다를 수 있지만 물은 끊임없이 흐르고 있습니다. 이것이 흐름입니다. 물의 양이 부족한 가뭄 때보다는 홍수가 난 듯 흐르는 것이 좋은 타이밍이겠죠.

이 시냇물에 나뭇잎을 띄워놓는다고 생각해 보겠습니다. 깨끗하고 싱싱한 초록빛 나뭇잎은 신축 단지이고, 구멍이 송송 뚫린 마르고 시든 나뭇잎은 구축 단지라고 생각해 봅시다. 가뭄이 들어서 물이 제대로 흐르지 않으면 싱싱

서울시 강남구, 강서구, 강북구의 입지 및 흐름 비교			
	강남구	강서구	강북구
인구	53만	58만	30만
근로자수	67.9만	22.7만	5.4만
500명 이상 기업체	112개	29개	1개
연간 근로 소득	7120만	3711만	2920만
동단위 소득 1위	624만(대치동)	426만(염창동)	406만(삼각산동)
학업성취도 상위 5개	95~98%	86~91%	74~84%
특목고 진학수	12~17명	7~12명	6~17명
학원가 규모	810개(대치동 인근)	118개(목동 인근)	12개 (노원구 인근)
대중교통	강남역 10분 그 외 30분 이내	강남역 30분 그 외 30분 내외	강남역 47분 그 외 30~40분
인프라	백화점 4개, 마트 3개	백화점 2개, 마트 4개	백화점 1개, 마트 1개
빈 땅	빈 땅 없음	서쪽 일부	빈 땅 없음
개발 가능성	71개 (290만㎡)	39개 (67만㎡)	38개(236만㎡)
입지 순위	1	2	3
공급	서울시 공급 부족	서울시 공급 부족	서울시 공급 부족
미분양	서울시 미분양 없음	서울시 미분양 없음	서울시 미분양 없음
이전 시세 흐름	최근 3년 상승	최근 3년 상승	최근 3년 상승
전세가율	50~60%	50~70%	60~70%
흐름 순위	3	2	1

한 나뭇잎이든 시든 나뭇잎이든 제대로 흐르지 못할 겁니다. 싱싱한 나뭇잎이 조금 더 움직일 수 있지만 움직임이 더딘 건 두 나뭇잎 모두 비슷하겠죠. 하지만 홍수가 나면 분명히 생생하고 반듯한 나뭇잎이 더 빠르게 흘러내려 갈 겁니다. 흐름을 제대로 탈 수 있으니까요. 그래서 상승장에서는 입지 좋은 지역이나 신축이 먼저 움직이게 되죠.

그런데 이렇게 홍수가 났을 때 구멍난 시든 나뭇잎은 움직이지 않을까요? 아닙니다. 움직이지만 단지 시간이 더 걸릴 뿐입니다. 흐르는 물이 시든 나뭇

경남 창원시, 강원 원주시, 전북 익산시의 입지 및 흐름 비교			
	창원시	원주시	익산시
인구	103만	35만	28만
근로자수	36.5만	10.9만	8.4만
500명 이상 기업체	37	12	5
연간 근로 소득	3825만	3453만	3198만
동단위 소득 1위	440만 (성주동)	372만(무실동)	356만 (영등동)
학업성취도 상위 5개	86~91%	76~83%	76~79%
특목고 진학수	10~17명	7~12명	4~5명
학원가 규모	101개 (반림, 상남동)	46개 (무실동)	103개 (영등동)
대중교통	산업단지 자차 10분	자차 10~15분	산업단지 자차 10분
인프라	백화점 3개, 마트 10개	백화점 1개, 마트 3개	백화점 X, 마트 3개
빈 땅	빈 땅 별로 없음	주변 빈 땅 많음	주변 빈 땅 많음
개발 가능성	59개 (475만㎡)	7개 (42만㎡)	4개(17.5만㎡)
입지 순위	1	2	3
공급	공급 부족	23년 이후 초과	22년 이후 부족
미분양	미분양 감소중	미분양 감소중	미분양 없음
이전 시세 흐름	최근 3년 상승 구축 일부 하락	최근 3년 상승 구축 일부 하락	신축 위주 상승 구축 대부분 하락
전세가율	60~90%	60~90%	70~90%
흐름 순위	3 (단지별 판단)	2 (단지별 판단)	1 (단지별 판단)

잎을 움직일 정도로 충분해지는 것은 풍부한 수요로 볼 수 있습니다. 따라서 서울시처럼 수요가 많은 지역은 입지와 연식에 관계없이 모든 단지들이 상승한 것으로 나타나게 되는 겁니다.

2일 차부터 지금까지 강남구, 강서구, 강북구를 예로 들어 입지와 흐름을 읽는 요소들을 비교해 보았습니다. 지금까지 살펴본 내용을 표로 정리해 보았습니다.

이렇게 비교해 보니 강남구의 입지가 강서구나 강북구에 비해 확실히 좋다는 걸 알 수 있습니다. 하지만 흐름 측면에서는 타 지역에 비해 낮은 전세가율로 인해 강남구가 오히려 강서구나 강북구에 비해 순위가 낮습니다. 물론 단지별로 차이가 있을 수 있다는 점은 기억해주시기 바랍니다.

그럼 같은 방식으로 지방도 한번 살펴볼까요? 앞에서 다루었던 몇몇 지방 도시들을 기준으로 살펴보겠습니다. 창원시와 원주시, 익산시를 예로 살펴보면 전체적인 입지는 창원시가 가장 좋다고 할 수 있고 그다음 원주시, 익산시 순입니다.

그러나 흐름에서는 약간 차이가 납니다. 일단 세 지역 모두 당장 공급은 부족한 상황이고 미분양도 그리 많지 않습니다. 현재 전세가율도 제법 높은 편인데, 서울시와는 다르게 흐름에 우열을 가릴 때 주의해야 할 부분이 있습니다. 서울시는 수도권과 함께 엮여서 움직이는 시장이지만 지방 도시들은 개별적으로 움직입니다. 흐름이 좋더라도 도시의 규모가 차이가 난다면 수요 측면에서 그만큼 불리해질 수 있습니다.

예를 들어 창원시는 이미 바닥을 지나 올라가고 있고 익산시는 바닥을 이제 막 지났다고 할 수 있겠죠. 그렇다 해도 향후 상승 폭은 인구 규모가 더 크고 그만큼 수요가 많은 창원시가 좀 더 클 가능성이 있습니다. 그래서 이런 경우 입지와 흐름, 지역 규모 및 단지별 상황을 모두 살펴보며 판단해야 합니다. 전체적인 지표로는 흐름상 익산시가 가장 좋고 원주시와 창원시 순일지 모르나 도시의 규모에 따라 상승 폭은 차이가 있다는 것 꼭 기억해주시기 바랍니다. 그럼 단지별 판단은 어떤 방식으로 해야 할까요? 차근차근 함께 알아보시죠.

1. 이전에 상승장이 길었다면 적어도 바닥은 아닙니다.
2. 상승 여력 확인을 위해 전세가율을 확인합니다.
3. 전세가와 매매가가 비슷하면 매매 수요가 생길 수 있습니다.
4. 전세가율은 매매가 대비 전세가의 비율입니다.
5. 전세가율이 높은 경우 매매를 고려하는 수요가 늘어날 수 있습니다.
6. 전세가율이 낮은 경우 전세를 고려하는 수요가 늘어날 수 있습니다.
7. 매매가와는 달리 전세가는 입주물량이 많으면 내려갑니다.
8. 전세가율과 함께 공급과 미분양, 시세 흐름을 확인해야 합니다.
9. 공급이 줄고 미분양도 없으며 하락장이 이어졌는데 전세가율이 높다면
   상승장으로 들어설 가능성이 큽니다.

8일 차 제대로 마무리하기

☐ 내가 선정한 세 지역의 이전 3년간 시세의 흐름을 찾아봅니다.

☐ 세 지역의 전세가율을 찾아봅시다.

☐ 세 지역의 입지와 흐름을 정리해서 지역 간 순서를 매겨봅시다.

9일 차

잠시 쉬어가기
– 관계 점검해보기

부동산 투자 이야기를 하는데 갑자기 쉬어가는 페이지가 나와서 당황하진 않으셨죠? 9일 차까지 따라오신 여러분은 앞으로도 부동산 투자에 관심을 가지고 많은 노력을 기울이실 분이라고 생각합니다. 초심자에게 다소 어렵고 지루할 수 있음에도 여기까지 읽으신 것 자체가 의지의 표현이니까요. 이쯤 되면 당장이라도 관심 지역으로 달려가서 투자하고 싶은 단지를 추려내고 싶으실 거라 생각합니다. 하지만 그럴 때일수록 잠시 쉬어가는 시간이 필요합니다.

제 이야기를 들려드리겠습니다. 처음 투자를 시작했을 때 제게는 투자 말고는 다른 선택지가 없었습니다. 하루라도 빨리 시작해야했죠. 하지만 책 몇

권 읽고 강의 몇 번 듣는다고 실력과 경험이 쌓이는 게 결코 아니었습니다. 기본적인 부분은 책이나 강의를 통해 어느 정도 채울 수 있지만 진짜 현장에서 필요한 것들은 결국 직접 해보지 않고는 제대로 이해할 수 없었습니다.

좋은 투자를 하기 위해서는 아는 지역이 많을수록 유리합니다. 그런데 서울시만 해도 25개 구가 있고, 경기도와 인천시까지 합치면 더 많은 지역이 있습니다. 그럼 어떻게 해야 했을까요? 네, 그저 시간이 날 때마다 공부에 투자하는 겁니다.

퇴근 후 임장을 가서 지역에 대한 경험을 쌓고, 주말에도 아침 일찍 집을 나서서 주중에 미처 돌아보지 못한 지역들을 돌아보다 밤늦게 집에 돌아오는 날이 대부분이었습니다. 평일이든 주말이든 집에 와서는 그날 임장한 내용을 정리하고, 새로운 지역을 분석하며 손품을 팔다 잠자리에 들었습니다.

그 시절 저에게는 어린 두 아이와 독박육아로 힘들어하던 아내가 있었습니다. 아내의 지지를 받으며 시작한 투자지만 과연 행복하기만 했을까요? 그때 저희 가정은 이미 절약에 대한 압박감이 턱까지 차오른 상태였는데 이제 투자까지 해야 하니 전보다 더 아껴야 하는 상황에 다다르게 되었습니다. 과연 이 상황도 미래를 위해 감당할 수 있었을까요?

아이들과의 관계도 문제였습니다. 한창 아빠가 옆에서 놀아주며 함께 시간을 보내야 할 시기인데 아침 일찍 출근해서 아이들이 잠들고 난 다음 집에 들어오니, 아이들 기준에서 아빠는 늘 집에 없습니다. 주말에도 아침 일찍 집을 나서니 주말에도 아빠를 만나기가 쉽지 않습니다. 가끔 만나는 아빠는 항상 컴퓨터로 뭔가를 하는 데 집중해있고 친구들 아빠처럼 잘 놀아주지도, 잠잘 때 재워주지도 않습니다. 그러니 점점 어색해지고 가끔 아빠가 다가가려 해도 본능적으로 아빠를 밀어내더군요.

문제는 가정에서만 있던 것이 아닙니다. 하루에 네다섯 시간 밖에 못 자다 보니 회사에서 종종 졸기도 합니다. 멍한 상태로 업무를 하는 모습에 동료들이 뒤에서 수군대는 소리도 들립니다. 중간중간 부동산 소장님들이나 임차인, 인테리어 업체와 통화를 하면서 길게 자리를 비우는 모습이 상사와 동료들에게 그리 좋게 보이진 않았을 겁니다. 이런 상황에서 업무를 하니 작은 실수가 쌓이며 좋지 않은 평가를 받기도 했습니다. 열심히 살면서 늘 인정받던 위치에 있었는데 점차 아래로 내려가면서 그다지 능력 있는 사람은 아니었다는 평가도 들려오기 시작했습니다.

만약 제 이야기가 전혀 와닿지 않고 투자하는 데 마음껏 시간을 쓸 수 있는 분이라면, 자산을 늘리는 데에만 집중하시면 됩니다. 하지만 투자를 함께 해온 대부분의 동료들은 저와 비슷한 경험을 갖고 있었습니다.

한 번쯤 꼭 점검해봐야 합니다. 투자에 시간을 쏟으면서 동시에 가족, 연인, 회사 동료들과의 관계는 어떻게 안고 가야 할까요? 사실 저도 무엇이 정답인지 모르겠습니다. 그리고 지금도 여전히 헤매고 있습니다. 하지만 확실한 것은, 2016년 투자를 처음 시작하던 때로 돌아간다면 무엇보다 아이들과 아내와 함께하는 시간을 좀 더 늘리겠다는 것입니다.

투자 공부에는 반드시 시간이 필요합니다. 하지만 너무 무리해서 모든 시간을 쏟을 필요는 없을 것 같다는 생각도 종종 듭니다. 하루 중 일정 시간은 아이들과 함께 시간을 보냈어도 결과가 비슷했을 것 같고요. 아이들의 어린 시절을 함께 할 수 있던 시간이 지나고 보니 돌아오지 않을 소중한 시간이었는데 투자에만 너무 집중한 나머지 소중한 그 시간을 그냥 지나쳐버린 것 같아 지금도 종종 마음이 아픕니다.

아내와의 관계도 마찬가지입니다. 육아와 집안일을 더 분담하면서 아내에게도 혼자만의 시간을 갖도록 해주는 등 조금은 여유를 가졌어도 충분히 성과를 낼 수 있었을 텐데 그때는 투자에만 너무 큰 의미를 부여하지 않았나 후회도 많이 남습니다. 회사에서도 피곤한 상태에서 업무를 하니 작은 일에도 날카로워지게 되고 굳이 큰소리 내지 않고 좋게 넘어갈 수 있는 일에도 크게 반응하며 동료들에게 의도치 않게 불편함을 끼치기도 했습니다.

투자 시간을 조금 더 현명하게 사용하기 위해 여러분들께서 하셔야 할 일은 뭘까요? 주변 사람들과의 관계를 위해 어떻게 시간을 보내는 게 좋을지 잠시 고민해보시는 것, 그리고 그 관계를 위한 시간을 보내시는 겁니다.

단순히 재미를 위해 스마트폰을 뒤적이고 인터넷 기사를 클릭하며 헛되이 보내는 시간은 반드시 줄이셔야 합니다. 하지만 이미 숨을 헉헉대며 시간을 빠듯하게 사용하고 있는 분이라면 현재 어딘가에 쓰고있는 시간을 쪼개 투자에 사용하셔야겠죠.

그 시간은 예쁜 아이들이 커가는 모습을 지켜보며 돌봐주어야 하는 시간일 수도 있고, 사랑하는 연인이나 배우자와 보내는 시간일 수도 있으며 직장에서 인정받는 위치에 올라서기 위해 달려야 할 시간이기도 할 겁니다. 그러나 그런 시간을 몽땅 빼버리면 소중한 사람들과의 관계에 문제가 생기기 시작합니다. 함께 행복해지기 위해 소비한 시간이지만 결국 소중한 사람들에게 상처를 줄지도 모르는 시간이 되어 버리는 거죠.

책을 읽는 동안 뒤에서 세 살배기 아이가 아빠 엄마를 찾으면 잠시 책을 내려두고 아이를 한 번 꼭 안아주시고, 곁에 있던 연인이나 배우자와 커피 한 잔하며 산책이라도 다녀오세요.

투자는 타이밍이라지만, 좋은 지역과 물건은 끊임없이 나오고 있습니다. 하지만 이 순간은 다시 돌아오지 않습니다. 그러니 인생에서 투자보다 더 중요하다고 생각하는 가치가 있다면 거기에 잠시 집중하시고, 나머지 시간을 조금씩 아껴보세요. 오늘만큼은 잠시 쉬며 좋은 관계를 만들기 위한 시간과 자신을 돌아보기 위한 시간을 가져보시기 바랍니다.

9일 차 꼭 기억해에요

1. 투자도 좋지만 소중한 아이들, 배우자, 연인, 동료들과의 관계도 중요합니다.

2. 투자에만 집중하면 다른 관계에서 문제가 생길 수 있습니다.

3. 그래서 좋은 관계를 유지하기 위한 시간도 반드시 필요합니다.

4. 그 시간을 위해 비생산적으로 사용되는 시간은 최대한 줄입니다.

5. 대신 시간이 지나도 돌이킬 수 없는 일에 시간을 써봅시다.

6. 그러기 위해 당장 1순위로 해야 할 일이 무엇인지 정리해 봅시다.

9일 차 제대로 마무리하기

☐ 가족이나 동료들과 좋은 관계를 위해 해야 할 일들을 생각해 봅시다.

☐ 일상에서 소모적으로 보내는 시간이 얼마나 되는지 체크해 봅시다.

☐ 지금 나에게 가장 필요한 일이 무엇인지 생각해 봅시다.

최종결정

10일 차

단지 고르기
– 투자 후보 단지 추리기

지금까지는 지역 고유의 가치인 입지를 살펴보는 방법과 그 지역이 현재 부동산 사이클에서 어떤 흐름을 타고 있는지 알아보았습니다. 숲을 보는 느낌으로 지역의 큰 그림을 그려보는 시간이었죠. 그렇다면 이제는 나무를 살펴볼 시간입니다. 지역 안에 있는 어떤 단지가 투자에 더 좋을지 비교하여 살펴보는 거죠.

여행을 갈 때 관광과 휴양, 도시와 자연 등으로 여행의 목적을 정하고 여행지를 선택하는 것처럼 투자도 마찬가지입니다. 지역 내의 수많은 단지 중에서 자신의 투자 목적에 적합한 물건을 고르는 거죠. 여러 관광지와 맛집 등을 후보에 두고 고민할수록 선택의 폭이 넓어지듯이 투자도 여러 매물을 후보로 선정하고 그 안에서 가장 좋은 물건을 고른다면 좋은 투자 결과를 얻을 수 있습니다.

또한, 딱 한 지역에 대해서만 알아보면 다른 지역이 가진 장점을 알아보지 못하고 기회를 놓치게 될 테니, 동일한 기준을 여러 지역에 적용시켜 지역을 선정해야겠죠. 10일 차에서는 바로 이런 기회를 놓치지 않기 위해 투자 후보 단지를 선정하는 기준에 대해서 알아보겠습니다.

아파트 단지를 고르는 기준에는 무엇이 있을까요? 아파트별로 평형, 위치, 연식, 세대수 등 다양한 차이가 있지만 한꺼번에 이 모든 조건을 고려하기보다는 일단 세대수와 평형을 고정해놓고 1차로 찾아보는 것도 좋은 방법입니다.

책에서는 전용면적 84㎡(30평형대)이면서 세대수가 200세대 이상인 단지를 중심으로 살펴보겠습니다. 단, 이 경우에는 10~20평대 소형평형과 40~50평의 중·대형평형 아파트는 제외될 수 있습니다. 선호도가 가장 높은 30평대를 먼저 확인해 본 다음, 투자하기 좋은 물건들이 많고 지역의 흐름이 괜찮다면 그때 모든 평형을 조사해보는 것을 권장합니다.

단지의 위치 기준을 잡을 때에는 서울시와 수도권은 역세권 위주로, 지방은 도심 위주로 먼저 살펴본 뒤 점차 영역을 넓혀 보기를 추천합니다. 연식은 신축, 준신축, 구축을 나누어 선정한 다음 투자에 가장 좋은 단지들이 어디인지 살펴보는 것이 좋은 방법입니다.

그럼 실제 예를 들어 단지를 선정해 보겠습니다. 먼저 네이버 부동산에 접속해서 필터를 적용합니다. 면적은 30~36평, 세대수는 198세대 이상을 선택합니다. 그리고 관심 지역으로 지도를 옮겨 조건에 해당하는 단지들을 살펴봅니다. 연식에 따라 구분하기 위해 사용승인일에서 신축은 6년 이하, 준신축은 8~16년, 구축은 17년 이상으로 필터를 각각 걸어 네이버 부동산에서 단지들을 정리합니다. 해당 지역에 기준이 되는 연식의 단지가 부족하다면 인접한 지역의 단지를 같이 넣어도 괜찮습니다. 경계에 걸리는 단지도 있겠지만 일단은 위 기준대로 단지들을 추려보다가 선정할 단지가 너무 없다면 연식을 살짝 조율해서 살펴보시기 바랍니다.

연식별로 단지를 다섯 개 정도 선택해서 연식과 세대수, 매매가와 전세가, 매매가와 전세가의 차이 및 전세가율을 보기 쉽게 정리해 봅니다. 단지별 매매가는 저층을 제외한 4층부터, 전세는 단지 내 최고가를 기준으로 합니다. 만약 나와있는 전세 매물이 없다면 실거래가 정보에서 가장 최근에 거래된 최고가를 기준으로 넣어봅니다.

다음은 강남구에서 6년 이하의 신축을 기준으로 필터를 걸어본 예시입니다. 강남구에서는 개포동과 대치동 쪽의 일부 단지들이 들어오는데 이런 단지 중에서 무작위로 다섯 개를 선정합니다. 준신축과 구축도 같은 방식으로 각

강남구의 신축 단지들

출처 : 네이버 부동산

각 다섯 개씩 총 열다섯 개 단지를 선정합니다.

준신축을 찾기 위한 필터는 강서구를 예시로 보여드리겠습니다. 7~16년으로 필터를 걸어보니 강서구의 준신축 단지는 마곡동이나 5호선 라인 인근에 모여 있습니다. 이 지역에서 다섯 개 단지를 선정합니다. 같은 방식으로 신축과 구축을 필터로 걸어 강서구에서도 총 열다섯 개 단지를 선정합니다.

구축은 강북구를 예시로 들어보겠습니다. 연식에 17년 이상으로 필터를 걸어보면 구축 단지는 우이신설선 인근과 번동 쪽에 모여 있는 것을 확인할 수 있습니다. 만약 여기에서 단지를 충분히 찾기가 어렵다면 인접한 성북구나 노원구의 일부 단지들을 넣으셔도 괜찮습니다. 마찬가지로 신축과 준신축을 포함하여 총 열다섯 개 단지를 선정합니다.

세대수와 평형 기준에 맞추어 선정한 강남구와 강서구, 강북구 단지 열다섯 개를 선정하여 표로 정리해 보았습니다. 시세는 정리하는 시점에 따라 달

강서구의 준신축 단지들

출처 : 네이버 부동산

라질 수 있다는 점을 기억해주세요.

먼저 강남구에서 선정한 열다섯 개 단지입니다. 현재 전세가율은 40~65% 정도이며 매매가와 전세가 차이는 최대 15억 원입니다. 다음은 강서구에서 선정한 단지입니다. 강서구 단지들의 전세가율은 50~68% 정도이고 매매가와 전세가의 차이는 3억 원에서 8억5,000만 원 정도로 강남구보다 낮은 편입니다.

마지막으로 강북구입니다. 강북구의 전세가율은 57~76%로 강남구나 강서구에 비해 높은 편이고 매매가와 전세가의 차이는 2억3,000만 원부터 6억5,000만 원까지 다양한데, 상대적으로 차액은 강남구나 강서구에 비해 적은 편입니다.

지금까지 관심 지역에 동일하게 적용할 수 있는 기준을 설정하여 지역별 비교 단지들을 추려내는 연습을 해보았습니다.

세 개 지역에서 평형과 세대수를 같은 조건으로 놓고 연식을 세 가지로 나

출처 : 네이버 부동산

연식을 기준으로 1차 선정한 강남구의 15개 단지

(가격 단위 : 만 원, 2021년 8월 기준)

단지명	준공연도	세대수	매매가	전세가	차이	전세가율
역삼자이	2016	408	265,000	170,000	95,000	64%
래미안대치팰리스 1단지	2015	1278	340,000	220,000	120,000	65%
개포래미안포레스트	2020	2296	270,000	175,000	95,000	65%
래미안블레스티지	2019	1957	280,000	180,000	100,000	64%
삼성센트럴아이파크	2018	416	300,000	175,000	125,000	58%
역삼래미안	2005	1050	255,000	155,000	100,000	61%
개나리래미안	2006	438	255,000	170,000	85,000	67%
대치아이파크	2008	768	300,000	180,000	120,000	60%
도곡렉슬	2006	3002	296,000	180,000	116,000	61%
강남LH1단지(e편한세상)	2013	809	180,000	90,000	90,000	50%
대치현대	1999	630	250,000	150,000	100,000	60%
대치삼성1차	2000	960	250,000	165,000	85,000	66%
수서동익	1993	330	180,000	80,000	100,000	44%
개포우성7차	1987	802	250,000	100,000	150,000	40%
청담e-편한세상1차	2002	271	210,000	120,000	90,000	57%

연식을 기준으로 1차 선정한 강서구의 15개 단지

(가격 단위 : 만 원, 2021년 8월 기준)

단지명	준공연도	세대수	매매가	전세가	차이	전세가율
e편한세상염창	2019	499	160,000	95,000	65,000	59%
마곡힐스테이트	2017	603	150,000	90,000	60,000	60%
마곡엠밸리8단지	2016	531	145,000	80,000	65,000	55%
강서힐스테이트	2015	2603	138,000	85,000	53,000	62%
마곡13단지힐스테이트마스터	2017	1194	160,000	90,000	70,000	56%
우장산SK뷰	2006	230	100,000	65,000	35,000	65%
우장산아이파크e편한세상	2008	2517	133,000	87,000	46,000	65%
마곡엠밸리6단지	2014	1466	170,000	85,000	85,000	50%
마곡수명산파크1단지	2007	1421	115,000	75,000	40,000	65%
강서센트레빌4차	2009	215	95,000	65,000	30,000	68%
염창동아3차	1999	570	120,000	75,000	45,000	63%
등촌아이파크	2004	1653	110,000	80,000	30,000	73%
등촌부영	1994	712	108,000	55,000	53,000	51%
우장산롯데캐슬	2003	1164	126,000	75,000	51,000	60%
화곡푸르지오	2002	2176	115,000	65,000	50,000	57%

누어 각각 다섯 개씩 총 열다섯 단지를 추린 뒤 최종적으로 세 개 지역에서 45개 단지를 선정했습니다. 정리하고 보니 지역도 다르지만 매매가와 전세가 그리고 그 차액인 투자금도 모두 달랐습니다. 그다음으로 할 일은 이 단지 중에서 과연 어떤 단지가 투자하기에 가장 적절한지 결정하는 일이겠죠. 11일 차에서는 후보를 더욱 좁혀보겠습니다.

연식을 기준으로 1차 선정한 강북구의 15개 단지

(가격 단위 : 만 원, 2021년 8월 기준)

단지명	준공연도	세대수	매매가	전세가	차이	전세가율
꿈의숲해링턴플레이스	2017	1028	105,000	80,000	25,000	76%
꿈의숲롯데캐슬	2017	615	108,000	72,000	36,000	67%
월계센트럴아이파크	2019	859	120,000	85,000	35,000	71%
래미안길음센터피스	2019	2352	165,000	100,000	65,000	61%
꿈의숲아이파크	2020	1703	140,000	80,000	60,000	57%
삼성래미안트리베라2차	2010	1330	110,000	70,000	40,000	64%
정릉풍림아이원	2005	1971	80,000	54,000	26,000	68%
미아동부센트레빌	2006	480	105,000	70,000	35,000	67%
정릉힐스테이트3차	2008	522	95,000	65,000	30,000	68%
길음뉴타운5단지래미안	2006	560	120,000	75,000	45,000	63%
벽산라이브파크	2004	1585	80,000	50,000	30,000	63%
SK북한산시티	2004	3830	80,000	57,000	23,000	71%
정릉대우	2001	791	75,000	45,000	30,000	60%
미아경남아너스빌	2003	860	95,000	60,000	35,000	63%
번동해모로	2003	430	75,000	48,000	27,000	64%

10일 차 꼭 기억하세요

1. 지역의 입지와 흐름을 기초로 단지 간 비교를 해야 합니다.

2. 같은 지역 안의 단지와 함께 다른 지역도 비교해 봅니다.

3. 전체 단지의 모든 평형을 조사하는 게 가장 좋지만 표본을 줄이기 위해
   200세대 이상, 전용 84타입 평형을 기준으로 단지를 선정합니다.

4. 한 지역에서 신축, 준신축, 구축 단지로 나누어 각 다섯 개씩
   총 열다섯 개 단지를 정리합니다.

5. 연식과 세대수, 매매가와 전세가의 차이, 전세가율을 계산해서 정리합니다.

10일 차 제대로 마무리하기

☐ 내가 선정한 세 지역에서 각 열다섯 개씩 단지를 뽑아 45개 단지를 뽑아봅시다.

☐ 세 지역에서 45개 단지를 뽑아본 이유를 고민해 봅시다.

☐ 내가 거주하고 있는 지역의 매매시세와도 비교해서 생각해 봅시다.

11일 차

단지 고르기
– 단지 비교하기

이제 현장으로 떠나기 전 마지막 단계입니다. 그리고 손품에서 가장 중요한 시간이기도 하죠. 바로 10일 차에서 선정한 45개 단지 중에서 실제로 투자할 만한 단지를 꼽아보는 겁니다.

입지와 흐름을 꼼꼼히 비교하여 선정한 좋은 지역이라면 한 번의 안전마진을 갖고 시작하는 셈입니다. 그리고 그 안에 선정된 단지 중에서 제일 괜찮아 보이는 단지에 투자한다면 두 번째 안전마진을 갖고 시작하게 될 테니, 더욱 안정적인 투자가 되겠죠. 그럼 지금부터 차근차근 비교하는 과정을 밟아보겠습니다.

먼저, 지역별로 15개씩 선정한 후보 중에서 투자하기 좋은 단지와 덜 좋은 단지를 세 개씩 고릅니다. 기준은 여러 가지가 있을 수 있지만, 역세권, 연식, 투자금 등 전체적인 내용을 따져보면서 고르는 겁니다.

만약 실거주를 고민 중이라면, 실제로 거주하고 싶은 곳을 위주로 선택하셔도 좋습니다. 투자가 목적이라면 전세가율이 높고 매매가와 전세가의 차이가 적은 곳을 위주로 하여, 흐름상 공급이 부족할 때 전세가가 올라가면서 매매가도 함께 올라갈 가능성이 크다는 점을 고려해서 선택하면 좋겠죠.

저는 투자대상을 고려할 때 입지 대비 매매가가 적당한지와 함께 매매가와 전세가의 차이인 투자금을 기준으로 놓고 판단해보곤 합니다. 같은 입지에서 매매가가 비슷한 매물이라면 상승장에서는 같이 상승할 테니 투자금이 적게 들어가는 단지를 고르는 것도 방법입니다. 입지가 좋더라도 투자금이 너무 많이 들어가는 곳보다, 상대적으로 입지가 덜 좋더라도 투자금이 적게 들어가는 곳을 고르는 게 투자 수익에서는 나을 수 있습니다.

서울시나 수도권처럼 어느 정도 규모가 있는 도시라면 상승 흐름에서는 신축 아파트처럼 상품성이 좋은 매물이나 입지 좋은 지역들이 먼저 움직이게 되므로 적은 투자금으로 이런 단지들을 선점하는 게 가장 좋습니다. 하지만 투자금이 이미 너무 커졌다면 아직 덜 움직인 단지들을 고르는 게 수익률에는 더 유리하겠죠. 시간차는 좀 있어도 상승장이라면 모두 오를 테니 적은 돈으로 투자해야 수익률은 더 커질 테니까요.

제 기준에서 상위 세 개라고 생각되는 단지는 파란색으로 표시했습니다. 먼저 강남구입니다. 역삼자이와 개포래미안포레스트, 개나리래미안을 선택했습니다. 이 두 단지는 강남권 신축임에도 비교군에 있는 다른 열두 개 단지에 비해 매매가나 투자금에서 장점이 있다고 판단했습니다. 개나리래미안은 입지가 괜찮음에도 상대적으로 투자금이 적다는 장점이 있었습니다.

그럼 뽑히지 않은 세 단지는 이유가 뭘까요? 앞서 선정한 단지들의 반대라고 보시면 됩니다. 대치동이나 삼성동은 입지가 좋으니 매매가는 비쌀 수 있지만 전세가가 받쳐주지 않아 투자금이 늘어난다는 단점이 있었습니다.

또한 구축인 경우 재건축 등 정비사업에 대한 기대감으로 가격이 높아졌을 수 있습니다. 결국 새 아파트에 대한 수요라고 생각할 수 있죠. 하지만 신축에 투자하는 데 9억 원 정도가 들어가고 재건축이 기대되는 구축에 15억 원이 들어간다면 신축을 선택하는 것도 괜찮은 방법입니다.

같은 과정을 통해 강서구에서도 여섯 개 단지를 꼽아보았습니다. 파란색 바탕이 깔린 부분은 제가 선정한 상위 세 단지입니다.

강남구 15개 단지에서 선정한 상위 3개, 하위 3개 단지 (2021년 8월 기준)

단지명	준공연도	세대수	매매(만 원)	전세(만 원)	차이(만 원)	전세가율
역삼자이	2016	408	265,000	170,000	95,000	64%
개포래미안포레스트	2020	2296	270,000	175,000	95,000	65%
개나리래미안	2006	438	255,000	170,000	85,000	67%
대치아이파크	2008	768	300,000	180,000	120,000	60%
개포우성7차	1987	802	250,000	100,000	150,000	40%
삼성센트럴아이파크	2018	416	300,000	175,000	125,000	58%

강서구 15개 단지에서 선정한 상위 3개, 하위 3개 단지 (2021년 8월 기준)

단지명	준공연도	세대수	매매(만 원)	전세(만 원)	차이(만 원)	전세가율
강서힐스테이트	2015	2603	138,000	85,000	53,000	62%
등촌아이파크	2004	1653	110,000	80,000	30,000	73%
마곡수명산파크1단지	2007	1421	115,000	75,000	40,000	65%
등촌부영	1994	712	108,000	55,000	53,000	51%
마곡13단지힐스테이트마스터	2017	1194	160,000	90,000	70,000	56%
마곡엠밸리6단지	2014	1466	170,000	85,000	85,000	50%

강서힐스테이트는 강서구 내 다른 신축에 비해 연식 대비 매매가가 낮고 투자금도 적게 들어가는 편이었습니다. 등촌아이파크와 마곡수명산파크1단지도 적당한 매매가와 함께 적은 투자금으로 투자할 수 있다는 장점이 있었습니다.

반면 마곡엠밸리6단지는 8억5,000만 원을 투자해야 하는데 이 정도 투자금이면 앞서 살펴본 강남구의 개나리래미안에 투자하는 것이 더 좋은 선택이라고 볼 수 있습니다. 같은 투자금으로 더 좋은 입지를 살 수 있는 거니까요.

구축인 등촌부영의 경우도 이 매매가라면 등촌아이파크가 좀 더 좋은 선택지라고 할 수 있고, 마곡13단지 역시 투자금을 고려하면 강서힐스테이트 쪽이 낫다고 볼 수 있습니다. 물론 이건 특정 단지의 가치가 덜 좋다는 게 아니라 제 기준에서 투자하기 좋다고 판단한 단지의 순위를 매긴 것임을 꼭 기억해주시길 바라겠습니다.

마지막으로 강북구입니다. 강북구도 같은 방법으로 여섯 개 단지를 뽑았습니다. 상위권에서 꿈의숲해링턴플레이스는 지역 내 다른 단지에 비해 입지나 연식이 좋음에도 투자금이 적다는 장점이 있었습니다. 월계센트럴아이파크는 강북구는 아니지만 인접 지역인 노원구에서 입지와 연식이 괜찮고 적당

강북구 15개 단지에서 선정한 상위 3개, 하위 3개 단지 (2021년 8월 기준)

단지명	준공연도	세대수	매매(만 원)	전세(만 원)	차이(만 원)	전세가율
꿈의숲해링턴플레이스	2017	1028	105,000	80,000	25,000	76%
월계센트럴아이파크	2019	859	120,000	85,000	35,000	71%
SK북한산시티	2004	3830	80,000	57,000	23,000	71%
정릉대우	2001	791	75,000	45,000	30,000	60%
꿈의숲아이파크	2020	1703	140,000	80,000	60,000	57%
번동해모로	2003	430	75,000	48,000	27,000	64%

한 투자금이 들어가 상위권으로 놓았습니다. 마지막으로 SK북한산시티는 입지대비 매매가가 강북구 내에서 괜찮은 편이고 투자금이 크지 않다는 점에 점수를 주었습니다.

정릉대우나 번동해모로는 입지가 상대적으로 덜 좋고 전세가율이 낮아 투자금이 많이 들어간다는 점, 꿈의숲아이파크는 강북구 비교군에서 가장 낮은 전세가율임과 동시에 투자금이 너무 크다는 단점이 있었습니다.

이렇게 지역별로 투자 후보를 추릴 때 꼭 명심하셔야 하는 건, 시세는 언제든 변할 수 있다는 점과 특정 단지가 좋고 나쁨을 구분하는 게 아니라는 겁니다. 위 단지들은 특정 시점에서 선정된 것이고, 이 순위는 시간이 지남에 따라서 충분히 바뀔 수 있으니 상황에 맞추어 판단해보시기 바랍니다.

이 과정이 마무리되었다면 이제 각 지역에서 뽑힌 세 개 단지끼리 모아서 그 안에서 다시 순위를 매겨보는 겁니다. 이런 과정을 거듭할수록 투자에 적합한 단지들이 확실해진다는 것을 기억하시면서 이어가 봅시다.

지역별로 상위에 선정된 세 개 단지를 모아서 정리하면 다음과 같습니다.

서울시 강남구, 강서구, 강북구 최종 선정 9개 단지 예시 (2021년 8월 기준)

단지명	준공연도	세대수	매매(만 원)	전세(만 원)	차이(만 원)	전세가율
역삼자이	2016	408	265,000	170,000	95,000	64%
개포래미안포레스트	2020	2296	270,000	175,000	95,000	65%
개나리래미안	2006	438	255,000	170,000	85,000	67%
강서힐스테이트	2015	2603	138,000	85,000	53,000	62%
등촌아이파크	2004	1653	110,000	80,000	30,000	73%
마곡수명산파크1단지	2007	1421	115,000	75,000	40,000	65%
꿈의숲해링턴플레이스	2017	1028	105,000	80,000	25,000	76%
월계센트럴아이파크	2019	859	120,000	85,000	35,000	71%
SK북한산시티	2004	3830	80,000	57,000	23,000	71%

강남구에 있는 신축단지부터 강북구에 있는 구축까지 다양한 단지들이 선택지에 들어와 있네요.

지금부터는 서울시 부동산 흐름이 어느 정도 유사하다는 판단하에 각각의 입지를 비교해 보는 작업이 필요합니다.

같은 서울시 안이므로 인구수는 제외하고 교통, 학군, 인프라 등을 기준으로 비교해 보겠습니다. 교통은 5일 차에서 함께 살펴봤었죠. 각 단지에서 대중교통으로 주요 일자리까지 도착하는 데 걸리는 시간을 알아보았습니다. 강남역과 여의도역, 광화문역까지 걸리는 시간을 각각 비교하고 추가로 단지별 인접 지하철역까지 도보로 이동하는 시간도 정리해보면 좋겠죠.

단, 여러분이 후보로 선정한 지역이 대중교통이 덜 중요한 지방이나 타 수도권 지역인 경우에는 대중교통 접근성보다 자차를 이용한 일자리 접근성을 기준으로 비교해야 한다는 점, 기억하시죠?

학군은 4일 차에서 자세히 알아봤습니다. 초등학교 접근성을 같이 봐야 하는데 초등학교에 쉽게 통학할 수 있는지도 아파트 간 비교에 영향을 줄 수 있기 때문입니다. 중학교 학군을 구분할 때 단지에서 가장 가까운 중학교는 아실에서 쉽게 살펴볼 수 있습니다. 아실에서 단지명을 검색한 뒤 좌측 화면을 내리다 보면 인근 중학교가 나오고, 여기에 있는 중학교에서 특목고 진학 숫자를 정리합니다. 최신 데이터를 참고하려면 학교알리미 사이트를 활용해도 좋겠죠.

학군을 분석하며 학원가도 함께 살펴보았습니다. 단지 간 비교를 위해 해당 권역에서 가장 규모가 큰 학원가를 넣습니다. 강남권에서는 대치동 학원가, 강서구 쪽에선 목동 학원가, 강북구에서는 노원구 중계동 학원가가 해당될 텐데 여기까지 차량이나 도보 등으로 걸리는 시간을 정리해 봅니다.

상권에서는 인접해 있는 대규모 상권을 알아보고 그곳까지 차량으로 접근하는 데 걸리는 시간을 넣습니다. 마지막으로 매매가와 전세가의 차이와 전세가율을 넣어서 정리하는 것으로 마무리 합니다. 앞서 살펴본 단지끼리 정리하면 다음장의 표와 같습니다.

자, 정리를 마쳤으니 이제 남은 일은 이 중에서 투자에 가장 적합한 세 개 단지를 꼽아보는 겁니다. 각자의 상황에 맞는 매매가와 전세가인지, 투자금은 얼마인지, 같은 투자금으로 고를 수 있는 더 좋은 연식과 입지가 있는지를 살펴보겠습니다.

입지는 강남구, 강서구, 강북구 순이었습니다. 하지만 강남구 세 개 단지는 당장 투자하기에는 너무 큰 투자금이 들어갑니다. 물론 취득세 등 세금 규제가 있긴 하지만 상승장에서는 9억 원으로 한 채에 투자하는 것보다 3억 원짜리 세 채에 투자하는 게 좀 더 나을 수 있습니다.

강남구는 입지가 가장 좋지만 투자금이 많이 들어가기 때문에 서울시 부동산 시장이 전체적으로 같은 상승 흐름을 탄다는 전제하에 투자금 대비 수익률은 낮을 수 있습니다. 오히려 강서구나 강북구에서 투자금이 적게 들어가는 단지가 수익률이 더 좋을 수 있죠. 이 책에서는 수익률을 기준으로 판단해볼 예정이므로, 투자금이 많이 들어가는 강남구의 세 개 단지는 후순위로 내려놓고 살펴보겠습니다.

같은 투자금일 때 입지와 연식이 조금 더 좋은 단지를 보겠습니다. 강서힐스테이트와 월계센트럴아이파크는 모두 신축이고 역세권 단지입니다. 주변 학군이나 인프라 측면에서는 강서힐스테이트의 조건이 더 좋지만 전세가율을 생각하면 월계센트럴아이파크가 좀 더 낫습니다.

또한 꿈의숲해링턴플레이스는 역에서는 약간 멀지만 강서구 신축 대비 저

강남구, 강서구, 강북구 최종 선정 9개 단지별 입지 및 시세 비교

(단위 : 만 원)

항목	역삼자이	개포래미안포레스트	개나리래미안	강서힐스테이트	등촌아이파크	마곡수명산파크1단지	포이숲해링턴플레이스아이파크	월계센트럴아이파크	SK북한산시티
입지력접근성	강남권 10분	강남권 10분	강남역 10분	강남 40분 미국/여의도 20분	강남권 40분 미국/여의도 30분	강남권 40분 미국/여의도 20분	강남권 45분 광화문 30분	강남권 45분 광화문 30분	강남권 50분 광화문 30분
대중교통접근성	선릉역 도보 5분	매봉역 도보 15분	한티역 도보 10분	우장산역 도보 5분	등촌역 도보 10분	마곡역 도보 10분	미아사거리역 도보 10분	월계역 도보 5분	솔샘역 도보 5분
초등학교접근성	도보 3분	도보 3분	도보 5분	도보 7분	도보 3분	도보 7분	도보 5분	도보 5분	도보 3분
중고등학교 학군	진선여중(16)	연담중(5)	연담중(12)	화곡중(7)	백석중(0)	영덕여중(9)	청문여중(6)	신관산중(7)	
학원가 규모	대치동 학원가	대치동 학원가	대치동 학원가	내발산동목동 학원가	내발산동목동 학원가	노원 학원가	노원 학원가	노원 학원가	
학원가접근성	대치동 차량 10분	대치동 차량 20분	대치동 차량 10분	목동 차량 30분	목동 차량 10분	목동 차량 20분	차량 15분	차량 30분	차량 30분
인접상권접근성	도곡	대치, 도곡	대치, 도곡	미곡, 우장산	미곡, 우장산	미곡, 우장산	미아, 길음	미아, 길음	미아, 길음
연식	2016	2020	2006	2004	2007	2007	2017	2019	2004
세대수	408	2296	438	1653	1421	1421	1028	859	3830
매매	265,000	270,000	255,000	110,000	115,000	115,000	105,000	120,000	80,000
전세	170,000	175,000	170,000	80,000	75,000	75,000	80,000	85,000	57,000
투자금	95,000	95,000	85,000	30,000	40,000	40,000	25,000	35,000	23,000
전세가율	64%	65%	67%	73%	65%	65%	76%	71%	71%

렴한 매매가와 신축이라는 점, 투자금이 적게 들어간다는 장점이 있습니다. 비슷한 투자금으로 강북구 구축인 SK북한산시티에 투자하는 것보다 나은 선택지라고 볼 수 있죠.

역세권은 아니지만 강서구 등촌아이파크의 경우 강북구보다 더 좋은 입지에 투자금을 조금 더 보태면 된다는 장점이 있는 괜찮은 선택지라고 생각합니다.

그런데 여기에서 헷갈릴 만한 부분이 있습니다. 실제 단지 간 비교를 할 때, 현재의 시세만으로는 어느 단지가 더 좋은지를 판단하기에 어려울 수 있다는 것입니다. 지역의 대략적인 입지를 안다고 해도 가격이 다 다른데 그중에서 어디가 가치대비 저렴한 단지인지를 판단하는 것이 어려울 수 있으니까요.

이 경우 시세의 흐름을 보며 판단해 볼 수 있습니다. 아파트의 가치는 한순간에 결정된 게 아니라 시간이 흐르면서 결정되어 왔을 테니 이전 시세 흐름을 확인해 보며 앞으로 흐름을 예상해볼 수 있습니다.

입지에 영향을 미치는 요인(교통, 환경 등의 호재 실현) 등으로 시세가 역전되는 경우도 있지만 특별한 경우가 아니라면 이전에 비쌌던 단지는 앞으로도 비쌀 가능성이 크고 이전에 가격이 비슷했던 단지는 앞으로도 그럴 가능성이 큽니다. 그런데 특정 시점에 시세가 만나거나 역전했다면 다시금 원래 경향으로 돌아올 가능성이 큽니다.

이전 시세 흐름을 가장 쉽게 비교해 볼 수 있는 방법은 아실에서 제공하는 '여러 아파트 가격비교' 기능을 활용하는 겁니다. 사이트 왼쪽 하단에 있는 '여러 아파트 가격비교' 아이콘을 눌러 들어간 뒤, 지역과 아파트를 선택하면 됩니다.

예를 들어 찾아본 등촌아이파크와 마곡수명산파크1단지는 연식이 비슷한데 현재 가격도 비슷합니다. 두 단지의 이전 시세 흐름을 보면 왼쪽 그래프처럼 두 단지가 엎치락뒤치락하며 비슷하게 올라가고 있습니다. 그렇다면 두 단지의 시세는 앞으로도 비슷하리라 생각할 수 있으니 둘 중 투자금이 적게 드는 단지를 고르는 것이 수익률에서 유리하겠죠.

이어서 강서구 신축과 강북·노원구 신축끼리도 비교해 봅니다. 강서구 입지가 더 좋으니 그만큼 비싸다고 판단했는데 오른쪽 그래프를 보니 이전 시세 흐름도 강서구가 계속 높습니다. 그리고 현재도 여전히 강서구가 강북구보다 비싸다면 입지에 맞는 가격이라고 보면 됩니다. 하지만 투자금이 좀 더 들어가니 입지가 좋다 하더라도 두 지역이 모두 상승한다면 수익 측면에서는 강서구가 불리한 선택이 될 수 있습니다.

이어서 강북구와 노원구 월계동의 두 단지를 살펴보겠습니다. 입지만 보면 역세권이고 좀 더 신축인 월계센트럴아이파크가 비싸야 하는 게 맞습니다.

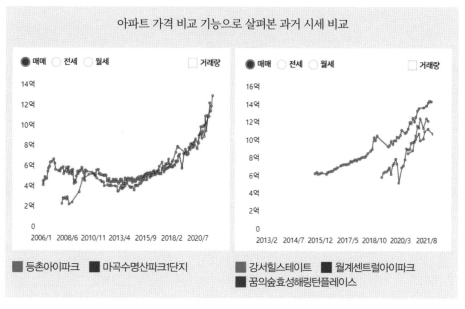

아파트 가격 비교 기능으로 살펴본 과거 시세 비교

출처 : 아실

그런데 그래프에서 이전 시세 흐름을 보면 2020년 상반기에는 월계 쪽이 더 쌌네요. 만약 2020년 상반기로 돌아간다면 입지 대비 매매가를 보며 월계를 선택하는 게 맞았겠죠.

다음 사진은 2020년 하반기 두 단지의 실거래 이력입니다. 꿈의숲효성해링턴플레이스는 매매가 10억1,500만 원, 전세가 6억7,000만 원으로 약 3억4,500만 원 정도 투자금이 필요했고 월계센트럴아이파크는 비슷한 시기에 매매가 약 10억1,500만 원, 전세가 6억5,000만 원으로 3억6,500만 원 정도의 투자금이 필요했습니다.

그렇다면 비슷한 매매가와 투자금으로 입지가 좋은 단지인 월계센트럴아이파크를 고르는 게 더 나은 선택입니다. 그러나 위 사례와 다르게 월계가 더 비싸지면서 입지에 맞는 가격이 되었다면, 향후 상승에 대한 수익률을 고려하여 입지가 덜 만족스럽더라도 투자금이 적은 꿈의숲효성해링턴플레이스를 선택하는 방향이 나은 선택일 수 있습니다.

수익률을 고려하면 투자금이 많이 들어가는 강남구 한 채에 투자하는 것보다 투자금이 적게 들어가는 강서구나 강북구 세 채를 선택하는 것도 방법이라고 언급했습니다. 그럼 이 네 개 단지의 시세 흐름을 확인하여 그 방법이 과연 옳은 투자였는지 확인해 볼까요?

비교해 볼 단지는 강남구 역삼자이 한 채와 강북구 꿈의숲효성해링턴플레이스, 노원구 월계센트럴아이파크, 그리고 강서구 등촌아이파크까지 총 세 채입니다.

서울시 상승장이 한창 이어져 왔던 2020년을 기준으로 놓고 이 시점부터 현재까지 역삼자이 한 채 투자와 나머지 세 단지 투자 사이에 수익률과 차익을 고려하면 어떤 게 투자로 좀 더 나았는지 확인해 보겠습니다. 편의를 위해 취득세 중과나 중개수수료 등 부대비용을 제외하고 따져보겠습니다.

2020년에 역삼자이 한 채에 투자하려면 대략 11억 원 정도가 필요했고, 약 1년간 4억7,000만 원의 차익이 발생했습니다. 1년 만에 이 정도면 수익률 약 43%로, 상당히 양호한 결과입니다.

강서구와 강북구 세 채에 투자한 경우는 어떨까요? 세 단지에 투자하기 위한 투자금을 모두 합치면 역삼자이에 투자하는 투자금보다 약간 적은 10억 6,000만 원 정도가 필요했습니다.

이 돈으로 2020년 세 단지에 나누어 투자했다면 현재 약 5억3,000만 원의

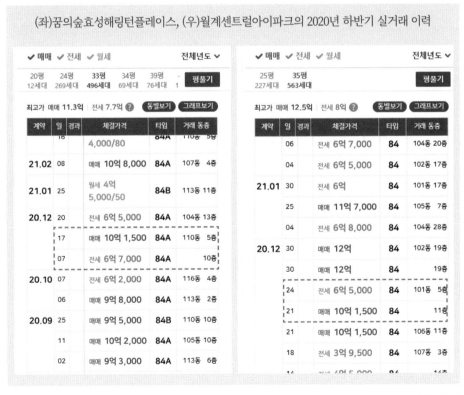

출처 : 아실

시세 차익이 났을 겁니다. 결과적으로 수익률과 수익금 모두 강남구 한 채에 투자하는 것보다 좀 더 좋은 결과를 얻었겠네요.

만약 여기에서 비교 평가를 통해 월계센트럴아이파크와 꿈의숲효성해링 턴플레이스가 같은 가격과 투자금일 때 월계센트럴아이파크를 두 채 매수하는 것으로 선택했다면 수익률과 수익금 모두 더 높아졌을 겁니다. 앞서 언급한 대로 투자금이 적으면 수익률이 커질 수 있다는 점도 있고, 흐름에 맞게 투자 물건을 잘 고른다면 수익금 역시 커질 수 있다는 점도 기억하시면 좋겠습니다.

(좌) 역삼자이, (우) 등촌아이파크의 2020년 하반기 실거래 이력

✔ 매매 ✔ 전세 ✔ 월세			2020년 ∨
27평 53세대	**35평 156세대**	46평 148세대	평풀기
최고가 매매 28억 전세 17.5억 ❓		동별보기	그래프보기

계약	일	경과	체결가격	타입	거래 동층
	18		전세 11억 8,000	84	103동 2층
	15		전세 12억 5,000	84	102동 19층
20.07	24		전세 10억	84	102동 23층
20.06	29		전세 10억 4,000	84	102동 3층
	27		전세 12억 5,000	84	102동 9층
	25		전세 11억	84	101동 17층
	23		전세 11억 5,000	84	103동 16층
	19		매매 22억 8,000	84	103동 12층

✔ 매매 ✔ 전세 ✔ 월세				2020년 ∨
32평 905세대	45평 137세대	52평 150세대	62평 227세대	90평 6세대	평풀기
최고가 매매 12.25억 전세 7.7억 ❓			동별보기	그래프보기

계약	일	경과	체결가격	타입	거래 동층
	12		매매 9억 2,500	84B	201동 4층
	07		전세 6억	85C	125동 10층
	07		매매 9억 9,000	85C	125동 10층
	01		전세 5억 8,000	84B	201동 10층
20.08	29		매매 9억 9,400	85C	102동 3층
	26		매매 9억 2,100	85C	122동 10층
	24		전세 4억 8,300	85C	124동 6층
	12		전세 5억 8,000	85C	122동 7층
	12		전세 5억 5,000	85C	101동 5층
	12		매매 8억 9,800	85C	122동 17층

출처 : 아실

물론 세금 등을 포함한 세후 수익 등을 따져봐야 하므로 실제 결과는 예시와 차이가 있을 수 있습니다. 하지만 반드시 규제지역 투자를 고집해야하는 게 아니고 비규제지역인 지방까지 고려한다면 이것을 잘 활용하여 더 좋은 결과를 낳을 수 있다는 점 기억해주시기 바랍니다.

오늘 살펴본 내용은 다소 복잡하다고 느끼실 수 있습니다. 하지만 단지 간 비교는 앞서 다뤘던 입지분석을 응용한 내용입니다.

지역 안에서 비교를 위한 단지들을 추린 다음 그 안에서 상대적으로 좋은 단지와 덜 좋은 단지들을 추려내는 과정을 거치되 막연히 좋아보이는 단지를 고르는 것이 아니라, 교통, 학군, 인프라 등의 입지 기준을 기반으로 객관적 비교해 보았습니다. 처음은 조금 힘드실 테지만, 거듭하다 보면 적어도 관심지역과 비교할 만한 지역에서 손품으로 찾을 수 있는 가장 좋은 단지를 고를 수 있게 되실 겁니다.

유의하셔야 할 점은 우리가 찾는 단지는 '투자하기에 좋은 단지'라는 점입니다. 투자로 좋은 단지를 찾다 보면 어떤 경우에는 역에서 멀거나 학군이 덜 좋아 실제로 거주하기에는 불편한 단지들이 선정될 수 있습니다. 하지만 흐

강남구 한 채 vs 강서구와 강북구, 노원구 세 채의 투자금 대비 수익률 비교

(단위 : 원)

단지명	2020년		2021년		수익률
	매매	투자금	시세	차익	
역삼자이	22억 8,000만	11억	27억 5,000만	4억 7,000만	43%
등촌아이파크	9억	3억 5,000만	10억 9,000만	1억 9,000만	63%
꿈의숲효성해링턴	10억 1,500만	3억 4,500만	11억	9500만	28%
월계센트럴아이파크	10억 1,500만	3억 6,500만	12억 5,000만	2억 4,500만	67%
강서 + 강북 세 채 합계	28억 5000만	10억 6000만	34억 3000만	5억 3000만	

름상 상승장이 이어진다면 이런 단지들도 가격이 올라갈 수 있다는 점을 기억하시면서 투자 후보군을 선정하기 바랍니다. 적은 돈으로 투자할 수 있다면 수익률은 오히려 더 좋을 수 있으니까요.

11일 차 꼭 기억해세요

1. 지역별로 선정한 단지들끼리 입지 비교를 통해 순위를 매겨봅니다.
2. 입지를 기준으로 매매가, 투자금 및 전세가율을 비교해 봅니다.
3. 좋은 단지의 투자금이 너무 크면 투자금이 적은 다른 단지가 더 좋을 수 있습니다.
4. 단지 간 가격 비교가 어렵다면 아실을 활용해서 이전 시세 흐름을 비교하여 결론을 내려봅시다.
5. 같은 흐름을 타는 지역 내 단지 간 시세는 이전 추이를 따라갑니다.
6. 똘똘한 한 채가 수익 측면에서 여러 채에 비해 덜 좋을 수 있습니다.
7. 살기에 좋은 단지와 투자로 좋은 단지를 구분해서 생각합시다.

11일 차 제대로 마무리하기

☐ 10일 차에서 선정한 45개 단지에서 지역별로 세 개씩 아홉 개 단지를 뽑아봅시다.

☐ 아홉 개 단지 간 입지를 비교해보고 상위 세 개를 선정합니다.

☐ 세 개 단지 간 비교를 통해 투자할만한 순위를 매겨봅니다.

현장으로

12일 차

현장 체험
– 숲을 보는 임장

　손품을 팔아 투자하기 좋은 단지들을 추려냈으니 이제 현장에서 직접 확인할 일만 남았습니다. 바로 투자해도 될 만큼 입지와 흐름을 꼼꼼히 분석했는데 굳이 현장을 직접 확인해야 하는 이유는 뭘까요? 다음과 같이 예를 들어보겠습니다.

　요즘 TV 방송이나 유튜브에는 수많은 영상이 올라옵니다. 여행지를 소개하고 맛집 투어를 하는 등 한 번쯤 경험해보고 싶은 콘텐츠들이 수없이 나옵니다. 그런데 TV나 스마트폰으로만 보는 것보다 확실히 기억에 남기기 위해서는 직접 해보는 것이 가장 좋습니다. 아무리 많은 맛집 영상을 봐도 실제로 음식을 먹어보지 않고서는 그 맛을 알 수 없고, 영상을 통해 좋은 여행지를 알게되었다고 해도 직접 가보지 않는다면 대리만족에서 그칠 뿐입니다.

투자도 마찬가지입니다. 손품을 열심히 팔아 지역에 대해 이해하고, 투자할 만한 단지가 어디인지 찾는 것도 정말 중요합니다. 마치 좋은 식당에 가고 싶을 때 정보를 찾아보는 것처럼요.

하지만 손품만으로는 그 지역을 완벽히 이해할 수 없습니다. 한 번도 가본 적이 없는 지역인데 단순히 지역 정보를 수집하고 지도를 보는 것만으로는 그 지역을 제대로 이해하기에 부족하기 때문입니다. 대신 여행을 가기 전 배경 지식이 있다면 훨씬 더 이해가 빠르고 깊은 경험을 할 수 있는 것처럼 현장에 떠나기 전 손품을 충분히 활용한 뒤 현장에 나간다면 같은 시간 동안 더 많은 경험치를 쌓으실 수 있을 겁니다.

그럼 현장 조사인 발품, '임장'은 어떻게 시작해야 하는지 하나씩 살펴보겠습니다. 먼저 지역 전반의 분위기를 익히기 위하여 '숲을 살펴보는 임장'에 대해 알아보겠습니다.

우선 현장으로 떠나기 전에 로드뷰로 관심 있는 곳의 분위기를 살펴봅니다. 요즘같이 로드뷰로 다 보이는 세상에 '굳이 임장이 필요할까?'라고 생각하실 수도 있지만, 로드뷰로는 알 수 없는 주민들의 모습, 주택가 안쪽의 느낌, 공원이나 상가의 느낌, 지역에서 느껴지는 쾌적함 같은 부분을 확인하는 것이 임장이라고 생각하시면 됩니다. 입지분석 때 조사했던 역세권이나 터미널 등 교통이 중요한 곳, 학원이 모여 있는 곳, 상업지구 등의 분위기를 미리 살펴보고 떠나면 현장에서 좀 더 쉽게 지역을 이해할 수 있습니다.

강남구의 경우 주요 역세권은 강남역이고 학원가는 대치동에 있습니다. 지도에서 해당 지역을 확인해 보고 로드뷰에서 그 지역의 중심상권에 있는 역세권 분위기와 학원가에 있는 상업지구의 분위기, 관심 있는 아파트들의 주변 분위기를 미리 살펴봅니다.

이렇게 미리 대략적인 분위기를 익힌 다음 현장에서 체크 해야 할 사항들을 정리해 봅니다. 입지분석 내용과 연계해서 살펴볼 내용은 크게 다음과 같습니다.

현장에서 빠트리지 말고 확인해야 할 확인 포인트	
구분	**확인 포인트**
교통	지하철역 규모, 큰 도로 접근성 및 도로 규모, 터미널이나 기차역 등
상권	상업지구 분위기, 프랜차이즈 종류, 업종, 백화점·대형마트 등
학군	중심 학원가 분위기, 학업성취도 상위권 중학교 인근 분위기 등
주변 특징	특징적인 건물, 큰 공터, 방치된 건물 등
사람들 모습	학생들 분위기, 거주민 연령대 및 옷차림 등

이렇게 현장에서 확인해야 할 부분들이 많다 보니 처음 가보는 지역에 가면 많은 것들을 빠트리고 돌아오게 됩니다. 그래서 임장 계획이 꼭 필요합니

확인 포인트를 모두 확인할 수 있도록 지도에 임장 경로 표시하기

출처 : 네이버 지도

다. 가장 쉽게 세울 수 있는 임장 계획은 지도에 확인 포인트들을 표시하여 모두 돌아볼 수 있도록 경로를 짠 다음 움직이는 겁니다.

역세권에서 시작해 주요 업무지구나 상업시설, 학원가 및 학교와 같은 입지 포인트와 함께 투자 후보로 살펴볼 주요 아파트 단지들을 둘러보고 올 수 있도록 전체적인 경로를 짜서 움직입니다. 지역을 좀 더 깊게 이해하고 싶다면 목적에 맞는 경로를 따로 만들고, 그 경로에 따라 임장 해보시기 바랍니다.

임장에서 꼭 살펴봐야 할 요소 첫 번째는 교통입니다. 역세권과 터미널, 큰 도로 주변의 분위기를 살펴보시면 됩니다. 아래 사진은 강남구와 강북구의 역세권 사진입니다. 둘 다 역세권이지만 어느 곳은 대규모 업무지구가 있고 어느 지역은 오래된 낡은 상업지구가 둘러싸고 있습니다. 역세권별로 차이가 있을 수 있으니 서로 비교해 보고 지역 간 분위기를 살펴보시기 바랍니다.

교통에서 중요한 부분은 실제로 대중교통으로 주요 업무지구까지 얼마나 쉽고 빠르게 이동할 수 있는지를 알아보는 것입니다. 임장 지역까지 대중교통으로 이동해보면서 얼마나 많은 사람들이 이용하는지, 출퇴근 시에 얼마나 편하거나 불편할지 느껴보는 것도 지역 이해에 도움이 됩니다.

지역별 역세권 분위기

(좌)강남구 (우)강북구의 역세권

다음은 상권입니다. 어떤 상권에는 큰 빌딩이 대다수이지만, 어떤 곳은 저층 상가들만 모여 있기도 합니다. 또 어떤 상권은 금융기관, 백화점, 프랜차이즈 매장들이 가득하지만 어딘가에는 작은 편의점이나 소규모 카페 같은 시설만 있기도 합니다. 상업지역 안에 빌딩과 함께 대형 은행이나 업무시설, 유명 프랜차이즈들이 많을수록 상대적으로 수요가 큰 상권이겠죠. 반면 형성된 지 오래된 상권임에도 공실이 많다면 쇠퇴해가는 상권일 수도 있다고 생각해봐야 합니다.

학군을 비교해볼 때 중요한 건 학원가의 규모와 학생들의 모습입니다. 학원이 대로변 큰 건물에 들어서 있고 늦은 시간까지 학생들이 학원 주변을 오가거나 대형 셔틀버스, 또는 학부모의 차량이 줄지어 서 있다면 아무래도 좋은 학원들이 인근에 모여 있을 가능성이 큽니다.

한편, 학원들이 있긴 하지만 소규모이거나 유흥업소 등 다른 상가들과 섞여 있는 경우, 상대적으로 면학 분위기에는 좋지 않을 수 있으니 학원들이 모여 있다 해도 조금은 덜 좋다고도 볼 수 있습니다.

지역에 따라 아파트 주변 대규모 상가에 학원들이 들어가 있는 경우도 있

지역별 상권 분위기

공실 없이 병원이나 학원, 프랜차이즈 매장이 모여 있는 상권이 상대적으로 좋음

습니다. 반듯한 신도시를 포함해 처음 가보는 지역 대규모 상가에 학원이나 병원, 음식점 등이 많이 모여 있다면 규모가 큰 학원가는 아니더라도 아이들을 통학시키기에 좋은 분위기이면서 학군도 괜찮을 가능성이 있습니다. 만약 상가에 병원, 음식점 등 거주 편의를 위한 업종이 입점해 있는 경우라면 거주 만족도가 높은 지역일 수 있겠죠.

임장을 하면서 빠트리지 말아야 할 마지막 요소는 그 지역만이 가지고 있는 특징입니다. 빌라가 너무 많고 낙후된 분위기는 아닌지, 경사가 급하지는 않은지, 폐건물이나 넓은 공터 등 빈 땅이 있는지는 실제 현장을 돌아봐야 제대로 확인할 수 있습니다. 특히 넓은 공터나 외곽에 빈 땅이 많이 보인다면 쉽게 아파트 등이 들어설 수 있으니 임장을 하면서 꼼꼼하게 체크해 둡니다.

또한 지역 주민의 분위기도 확인해야 합니다. 어린 아이를 데리고 나온 젊은 부모들이 많이 사는 지역과 나이가 지긋한 어르신 부부가 많은 지역의 분위기가 다르고 반듯한 옷차림의 학생들이 많은 지역과 연예인같이 꾸민 학생들이 많은 지역은 분위기가 다르겠죠. 놀이터에 아이들만 나와서 노는 지역과 부모가 함께 나온 지역도 차이가 있을 수 있고 근린 공원에 중장년층이 많은

지역별 학원가 분위기

큰 상가 건물 안에 학원이 많고 학생들이 많이 오가는 지역이 좋음

지역과 아이들이 많은 지역도 차이가 있겠죠. 오가는 사람들의 분위기를 잘 살펴보면서 숫자로 판단할 수 없는 부분들을 확인해 보시기 바랍니다.

오늘은 현장조사인 임장의 첫 시간으로 숲을 보는 방법을 살펴봤습니다. 숲을 본다는 건 전체적인 분위기를 파악하고 내가 내린 입지분석의 결과가 적절했는지를 판단해 보는 것을 의미합니다.

서두에 말씀드린 것처럼 손품을 파는 데서 분석이 끝난다면 그건 영상으로 맛집 투어를 하고 그 음식을 직접 먹어봤다고 하는 것과 같습니다. 선정한 지역을 꼼꼼히 분석했다면, 아파트 내부를 살펴보기 전에 지역과 친해지고 분위기를 느끼기 위해 숲을 살펴보는 시간이 반드시 선행되어야 합니다. 나무를 하나하나 살펴보기 전에 숲을 이해하기 위한 임장 시간을 가져보시도록 권해 드리면서 12일 차를 마치겠습니다.

12일 차 꼭 기억하세요

1. 임장은 지역을 이해하기 위해 반드시 필요합니다.

2. 로드뷰로 미리 주요 부분을 보며 꼼꼼히 임장 경로를 짭니다.

3. 현장에서는 교통, 학군, 상업지역, 거주민 특징 등을 살펴봅니다.

4. 역세권 분위기, 역 규모, 도심권 접근성 등을 교통에서 확인합니다.

5. 상업 시설의 업종과 규모를 확인합니다.

6. 학원가 규모, 학생들 분위기 등을 보며 학군을 판단합니다.

7. 지역에 어떤 사람들이 많이 사느냐를 다양하게 확인합니다.

12일 차 제대로 마무리하기

☐ 관심 있는 세 지역의 손품 결과를 바탕으로 지역을 둘러보기 위한

 임장 계획을 세워봅시다.

☐ 교통 요건, 상권 규모, 학원가 분위기 등 임장 결과를 비교해 봅시다.

☐ 손품으로 매긴 순위와 임장을 다녀온 뒤 순위를 비교해 봅시다.

현장 체험
– 나무 찾기

　드디어 아파트를 보는 시간입니다. 전체 14일 중에 아파트를 살펴보는 시간은 고작 이틀뿐이라니 좀 아쉬우시죠? 그런데 입지와 흐름을 제대로 파악하지 못한 상황에서 아무 아파트나 감으로 사다 보면 2016년의 저처럼 마음고생을 하실 수 있습니다. 이 모든 과정을 다음과 같이 생각해 보면 어떨까요?

　치열한 육아 전쟁을 펼친 뒤 드디어 아이들이 잠들고 혼자만의 시간을 가지게 되었습니다. 그때, 점심에 유튜브에서 본 유명 맛집의 골뱅이소면 레시피가 아른거립니다. 육아 퇴근 후 요리를 시도한다는 자체가 쉬운 일은 아니지만 오늘은 마음을 먹고 한 번 해보기로 합니다.

시작은 할 만합니다. 양파를 썰고 양념장을 만들고 골뱅이를 넣고 나름 대로 따라 했죠. 그런데 시간이 흐를수록 내가 지금 이걸 왜 하고 있는지 의문이 들기 시작합니다. 결국 '에라 모르겠다, 대충 넘어가자'하며, 설렁설렁 모양만 골뱅이소면처럼 보이는 음식을 만들어 먹어봅니다. 예상하시다시피 그 맛은 기대했던 것과는 조금 다르겠죠.

투자도 마찬가지입니다. 부동산 투자를 시작하기로 마음을 먹으면, 처음에는 공부도 열심히하고 이런저런 정보도 찾아보지만, 조급함과 귀찮음에 지친 나머지 차분하고 객관적인 판단을 하지 못하고 서투르고 어설픈 결정을 내리기도 합니다. 그렇게 산 물건은 만족스럽지 못한 결과를 가져다줄 가능성이 크겠죠.

좋은 물건을 고르기 위해서는 앞서 12일의 시간을 투자한 것처럼 객관적으로 판단해 보는 시간이 꼭 필요합니다. 지금부터는 그 분석한 내용을 기반으로 투자할 만한 단지를 현장에서 고르는 법을 알아보겠습니다.

앞서 숲을 크게 둘러보는 임장 기억하시죠? 이번에는 나무를 보기 위한 임장입니다. 손품을 통해 선정한 단지들이 속해있는 지역과 단지의 주변을 꼼꼼히 정리했고, 그 결과 입지와 흐름이 모두 괜찮은 지역이라고 판단했다면 실제로 단지를 둘러봐야겠죠. 가장 먼저 해야할 일은 전화 임장입니다. 우선 네이버 부동산에서 매물을 확인하고 어떤 매물이 얼마에 나와 있는지 방문 전 전화를 통해 파악합니다.

전화는 적어도 한 단지당 세 곳 이상의 중개소에 해봐야 합니다. 실제로 매물을 살펴보려면 부동산 중개소와 연락을 주고받아야 하는데 전화를 많이 해 볼수록 좋은 매물과 부동산 소장님을 만날 수 있기 때문입니다. 더불어 그 지역의 분위기를 객관적으로 살펴보기에도 좋은 방법입니다.

네이버 부동산에 매매가가 대략 5억 원에서 5억5,000만 원 정도 하는 매물들이 많은 한 단지를 예로 들어 살펴보겠습니다. 최근 실거래는 5억 원이 최고가였습니다. 이 단지 근방에 있는 세 부동산에 전화를 걸어 대략적인 시세를 문의했고 그 내용을 다음과 같이 정리했습니다.

	여자 소장님 1	여자 소장님 2	남자 소장님 3
매매 시세	입주 가능한 물건은 5억 5,000만 원입니다	5억 원 근처에서 물건들 좀 있어요	5억 원에 몇 개 나갔지!
전세 시세	4억 원 정도면 무난합니다	4억은 좀 힘들어요	4억 원 정도 생각하세요
분위기	전세가 조금 쌓였는데 금방 나갈거예요	요즘 전세찾는 손님이 좀 뜸하긴 하네요	요샌 실거주 손님이 많이 오는 편이야
괜찮은 물건	보통 5억5,000만 원 정도 하는데 마침 급매 5억 원!	보통 5억 내외인데 급매 4억4,000만 원 가능	어제 4억7,000만 원에 급하게 매도하는 물건 나옴

세 부동산의 이야기가 전체적으로 다르네요. 만약 첫 번째 부동산에만 전화해보고 결정했다면 5억 원짜리 물건이 급매라고 생각하고 덥썩 매수했을지도 모릅니다. 하지만 좀 더 전화를 해봤다면 4억4,000만 원짜리 물건을 살 수도 있었겠죠.

실제로 이런 일은 현장에서 빈번하게 일어납니다. 더욱이, 시세가 빠르게 변하는 시기일수록 더 많은 부동산에 연락해서 좋은 물건을 찾아보는 노력이 필요합니다. 안 그러면 같은 시기에 비슷한 조건의 물건에 더 많은 돈을 들여 매매하게 될 수도 있으니까요.

또한 부동산에 전화를 걸었는데 손님을 반기는 분위기라면 아마도 오랜 기간 부동산 경기가 좋지 않았을 수 있습니다. 이런 경우에는 매수자가 주도권을 갖고 협상해볼 수 있습니다. 반대로 전화를 받은 부동산 소장님의 반응이 시큰둥하고 네이버 호가에 있는 물건들은 이미 다 매도되어 그보다 비싼 물건들을 안내하는 경우도 있습니다. 이런 지역은 현재 많은 사람이 몰린 지역이니 가격이 금방 오를 가능성도 있지만, 만약 몰린 사람들이 대부분 투자자들이라면 이 사람들이 매수 후 바로 전세를 놓을 것이므로 전세 물량이 많이 나올 수 있으니 주의해서 접근해야 하기도 합니다.

이렇게 부동산에 전화 임장을 하다 보면 자연스럽게 이 단지에서 어떤 매물이 급매이고 시세는 어떤지가 기억에 남게 됩니다. 여러 소장님이 소개해주는 물건들을 잘 기억하며 네이버 부동산에서 살펴본 시세와 전화 내용을 종합해서 가장 괜찮았던 매물을 정리하다 보면 자연스럽게 그 단지의 시세와 매물들을 추려낼 수 있습니다.

전화 임장에서 확인해야 할 부분들은 다음과 같습니다. 꼭 이렇게 할 필요는 없지만 경험이 많지 않다면 통화하시면서 아래 내용들을 중심으로 문의해 보기를 권합니다.

여기에 더해 추가할 만한 사전조사는 호갱노노 '이야기'란을 이용하는 겁니다. 평소 관심 있는 단지가 있었다면 호갱노노에서 그 단지를 찾아서 들어

전화 임장 확인 포인트	
구분	**확인 포인트**
매매 시세	가장 싼 물건, 로열층 물건, 입주 가능한 물건, 세를 끼고 있는 물건, 물건 개수
전세 시세	전세 개수, 전세는 잘 나가는지 여부, 수리상태에 따른 시세 차이
분위기	최근 시세, 실거주 손님과 투자 손님 비중, 투자자 문의 여부, 전세와 매매 중 어떤 물건을 더 찾는지 여부, 최근 최고가 및 최저가, 네이버에 있는 최고가, 최저가 물건 관련 정보, 전체적인 매물 개수,
단지 정보	로열동·로열층, 학원가 위치, 초·중학교 학군, 역까지 도보 거리, 인근 대중교통 편의성, 주변 상권 접근성, 주차 상태, 단지 특징
물건 문의 (특정 물건 정보)	집 상태, 만기일, 점유 유형 (임대, 임차), 매도 사유, 시세 조율 가능성, 잔금일 조정 여부, 전세 가능 시세, 추천할만한 다른 단지 물건

갑니다. 말풍선 모양을 누르면 그 단지에 관심 있는 사람들이 남긴 이야기를 찾아볼 수 있습니다. 물론 좋은 이야기들이 대부분이지만 전체적인 단지 분위기를 거주민 입장에서 알아볼 수 있다는 장점이 있으니 현장에 나가시기 전에 한번 살펴보시기 바랍니다.

이렇게 단지와 매물이 어느 정도 추려지면 전화 임장 중 기억에 남은 소장님께 연락을 합니다. 매물을 보겠다는 약속을 잡고 살펴볼 매물들을 미리 문자로 보내 달라고 부탁드립니다. 번거로운 부탁에도 응하는 소장님은 적극적일 가능성이 있으니 매수를 진행할 때 조금이라도 편하게 도움을 받을 수 있습니다. 이렇게 그날 볼 매물들의 시세를 미리 기억해놓고 현장에서 직접 집을 살펴보며 비교하는 것이 도움이 됩니다. 아울러 순위를 정해보는 것도 좋은 방법입니다.

이제 아파트 단지를 둘러볼 차례입니다. 아파트 단지 자체를 둘러볼 때는 아파트 단지 안에서 로열동이 어디일지, 채광 상태는 양호한지, 주차공간은 여유가 있는지, 주차장에 차단기가 있는지, 지하주차장이 있는지, 주차장에서 위층까지 엘리베이터로 연결되어 있는지, 단지 내 조경은 괜찮은지, 놀이터 상태는 괜찮은지, 인근 초등학교로 가는 길이나 지하철역으로 가는 쪽문은 있는지 등등 다양한 부분을 확인해야 합니다.

아파트 단지 임장 확인 포인트	
구분	**확인 포인트**
채광	방향, 남향이어도 햇빛을 가리지 않는지, 햇빛이 덜 들어오는 부분이 있는지
주차	차단기, 지상 주차공간, 지하 주차공간, 위층과 연결 여부
단지 분위기	단지 조경, 놀이터 상태, 쓰레기 및 분리수거장 관리 상태
단지 특징	단지 내 경사, 동 배치, 간격
기타	상가나 지하철역, 학교 방향 쪽문, 커뮤니티 시설, 타입별 선호도

대표적으로 살펴볼 부분은 채광입니다. 보통 남향을 가장 선호하는데 남향이라도 그림자가 드리워지는 경우 하루 종일 햇살이 들어오지 않는 경우가 있습니다. 특히 겨울은 여름보다 그림자의 길이가 길어지면서 그늘지는 정도가 심해집니다. 아래 사진처럼 같은 방향을 보고 있는 단지라도 그늘이 지는 형태가 다른 경우가 종종 있습니다.

참고로 호갱노노에서 단지를 선택한 뒤 왼쪽 탭을 아래로 내리다 보면 해당 단지의 계절 및 시간대별 일조량을 대략적으로 알아볼 수 있습니다.

다음 페이지 하단의 사진은 호갱노노에서 찾아본 한 단지의 사례입니다. 6시 방향이 정남향입니다. 오후 2시를 기준으로 왼쪽은 여름인데 같은 단지인데도 일부 단지에만 그늘이 지고 나머지는 대부분 햇살이 듭니다. 오른쪽은 같은 단지의 겨울인데 같은 남향이라도 계절에 따라서 절반 이상 그늘이

단지별 채광 상태

같은 단지 내 남향이지만 그늘이 지는 동이 있음

집니다. 같은 단지이고 정남향이지만 계절에 따라서 일조량에도 차이가 있을 수 있다는 점 기억해주시면 좋겠습니다.

실제 매물을 둘러볼 차례입니다. 매매가를 기억하면서 집 상태와 매도인 사정 등을 꼼꼼하게 체크합니다. 집을 보면서 중요하게 생각해야 할 부분은 크게 네 가지입니다.

먼저 집 상태입니다. 신축 아파트라면 큰 문제는 없겠지만 구축 아파트에 투자한다면 집을 수리해야 할 가능성도 꽤 크겠죠. 그래서 구축 아파트를 볼 때는 어느 부위를 수리해야 하는지를 반드시 체크하면서 집을 살펴봐야 합니다. 도배, 장판, 신발장처럼 수리 기간이 짧고 비용이 많이 들지 않는 단순한 수리는 큰 문제가 없지만 싱크대나 화장실, 창틀(섀시) 공사처럼 시간과 비용이 많이 필요한 수리라면 꼭 체크해두고 매매가에 수리비를 고려해서 생각해야 합니다. 집을 여러 개 보다 보면 집 상태가 기억이 잘 안 날 수 있는데 이런 경우 거주하고 계신 분께 수리할 부위만 촬영해도 되는지 부탁하는 것도 좋은 방법입니다.

한 아파트 단지의 계절별 일조량 차이

(좌)여름, (우)겨울 같은 남향이라도 계절에 따라 일조량에 차이가 있음   출처 : 호갱노노

다음으로 조망을 확인합니다. 앞 베란다에 채광은 잘 되는지, 앞 건물로 인해 시야가 가려지지는 않는지 등을 살펴봅니다. 상대적으로 해가 잘 들고 막힘이 없는 매물이 좋습니다. 현재 임대 중인 집을 보러 갔다면 집을 둘러보면서 자연스럽게 임차인께 만기 후 이사 사정 등과 실제 거주하시면서 느낀 부분들을 간단히 문의해 보는 것도 좋습니다. 실제로 거주하면서 느낀 부분이니 생각지 못한 팁을 얻을 수 있습니다. 만약 매도인이 직접 거주하는 경우라면 집이 좋다는 칭찬으로 좋은 분위기를 유도하며 그럼에도 이사를 결정하게 된 이유를 물어보는 것도 좋습니다.

매물을 하나씩 보면서 위 내용을 모두 정리하기 어렵다면, 단지를 다 둘러본 뒤 부동산 소장님과 함께 매물별 조건과 가격 등을 사무실에 돌아와서 정리해봅니다. 부동산 소장님은 매물에 대해 기억하는 내용이 더 많을 테니 매물 관련 내용과 수리 상태, 매도인과 임차인 사정 등에 대해 이야기를 나누면서 매물별 특징과 가격 등을 다시 한번 확인합니다.

오늘은 실제 아파트 단지를 살펴보는 방법을 알려드렸습니다. 투자에서 가장 재미있는 순간이 바로 투자할만한 단지들을 둘러보고 실제 매물을 보는 순간일 텐데요. 전에는 단순히 적당한 단지에 가서 부동산에서 권해주는 매

실제 매물 확인 포인트	
구분	확인 포인트
집 상태	수리해야 할 부위, 누수 및 결로 상태
조망	전면부 시야 확보 여부, 혐오 시설이 보이는지 여부
임차인 상황	만기 이후 이사 여부, 거주 만족도
매도 사유	급한 사정이 있는지 확인 (이사, 세금 문제 등)

물 한두 개를 보고 결정했다면 이제는 저와 함께 살펴본 방법을 활용하여 좀 더 효과적인 선택을 할 수 있으실 겁니다. 단순히 아파트를 쓱 둘러보고 오는 것이 아니라 아파트를 살피기 위해 어떤 부분들을 확인해야 하는지 꼭 기억하면서 임장시 잘 활용하시기 바랍니다.

13일 차 꼭 기억해요

1. 원하는 지역과 단지를 추린 뒤 전화로 분위기와 시세를 파악합니다.

2. 같은 단지라도 꼭 세 곳 이상의 부동산에 문의해 봅니다.

3. 현장에서 확인할 매물 목록을 미리 받아서 살펴봅니다.

4. 단지를 전체적으로 둘러보며 확인 포인트들을 확인합니다.

5. 거주하고 있는 임차인이나 매도인과 대화를 해보는 것도 좋습니다.

6. 수리해야 할 부분이 있다면 이 부분을 매매가에 반영합니다.

7. 살펴본 매물을 부동산 소장님과 같이 정리해보고 순위를 매겨봅니다

13일 차 제대로 마무리하기

☐ 관심 있는 아파트 인근의 부동산 세 곳 이상에 전화하여 분위기와

　사세를 파악합니다.

☐ 관심 있는 아파트에서 매물 확인 포인트를 활용해 실제 매물을 확인하며

　특이사항을 정리해 봅시다.

☐ 임장했던 단지와 매물 중에서 어떤 매물이 좋을지 판단해 봅시다.

14일 차

현장 체험
– 최종 결정 내리기

손품을 통해 관심 지역의 입지와 흐름에 대해 판단을 내렸고, 그 지역을 돌아보며 관심 단지의 매물도 확인했다면, 이제 결정의 순간만 남았습니다. 지난 2주간 쉼 없이 달려온 결과물을 만들어야 할 시기가 된 거죠.

요리를 완성한 것으로 만족하고 맛도 보지 않은 채 쓰레기통에 버리는 분은 안 계실 겁니다. 투자도 마찬가지입니다. 이렇게까지 한 다음 아무런 결정 없이 그냥 흘려버린다면 그건 열심히 만든 음식을 그냥 버리는 것과 큰 차이가 없습니다.

물론 사정이 여의치 않아 당장에는 매수를 하지 못할 수도 있습니다. 하지만 추후 기회가 왔을 때 헤매지 않도록 꾸준히 손품과 발품을 팔아서 내가 정말 사고 싶은 물건을 추리는 연습을 하고, 마지막으로 제일 좋은 물건을 골라 모의투자라도 꾸준히 하시기를 바랍니다. 실제로 매수했다면 어떤 결과가 나왔을지 계속 관찰해보는 것입니다. 그게 실전에 가까운 경험치를 쌓는데 정말 중요한 방법입니다.

마지막 날 함께 해 볼 일은 손품과 발품을 통해 고른 매물 중에서 자신의 경제 상황에 맞는 가장 좋은 매물을 뽑아보는 것입니다. 중요한 것은 각자의 상황입니다. 자신의 경제적 상황에 맞는 주택 구입 목적과 가용 자금, 세금 등을 정확하게 정리한 다음 실제로 확인한 매물 중 가장 적합한 매물을 골라봅시다. 실거주가 목적이라면 가격이 약간 비싸더라도 거주 만족도나 출퇴근 거리, 육아 환경 등 다양한 기준으로 고르는 게 합리적일 수 있지만, 투자의 관점에서는 수익이 얼마나 크게 날지에 무게를 두고 살펴봐야 합니다.

세금도 미리 고민해봐야 할 사항입니다. 현재 자신의 주택 보유 현황, 매입·매수 시기, 비과세 여부, 타 주택의 양도세 중과 여부 등을 미리 따져보지 않으면 매수한 다음에는 돌이킬 수 없습니다. 특히 요즘처럼 세금 정책이 복잡해진 상황이라면 자신의 상황에 맞춰 미리 세금에 대해 꼭 한번 살펴보시기 바랍니다.

마지막으로 대출 규제도 점점 심해지고 있으니 실거주 목적으로 집을 구

최종 물건 선정 확인 포인트	
구분	확인 포인트
구입 목적	바로 입주할 실거주, 향후 입주목적 실거주, 단기 투자, 장기 투자 등
세금	주택 보유 현황, 비과세 갈아타기 가능 여부, 취득세, 양도세 중과 여부 등
가용 자금	담보대출 가능액, 신용대출 가능액, 저축액, 기존 주택 처분 차액 등

매하시는 경우 담보대출 가능 여부, 현재 내가 가진 자본금, 기타 대출 등으로 확보할 수 있는 자금을 확인하고 정확한 자금 계획 안에서 결정해야 합니다. 특히 투자라면 저축액 및 대출 등을 활용해서 가용할 수 있는 자금의 규모를 생각해야겠죠. 단순 주택담보대출 외에도 신용대출, 보험약관대출이나 사업자대출 등 다양한 대출 방법을 잘 따져보면서 자금 조달 계획을 미리 세워보면 좋습니다.

그럼 지금부터 실제로 현장에서 보고 온 매물을 자신의 상황에 맞게 선택해보겠습니다. 앞에서 선정한 강북구와 강서구 세 단지의 임장을 모두 마쳤다고 가정하여 어느 물건이 투자하기에 가장 좋을지 살펴보겠습니다.

단지의 동호수와 가격, 세부 내용은 모두 가상이니 비교용 예시로 참고해주시기 바랍니다.

이렇게 매물을 놓고 자신의 기준에서 어느 물건이 투자에 가장 적합한지 살펴봅니다. 기준은 각자 다를 텐데 먼저 입지 대비 투자금과 매매가가 적당한지를 따져봐야 합니다.

강북구와 노원구 월계동 단지 중 매매가가 가장 괜찮은 물건은 월계센트럴아이파크 103동 13층입니다. 투자금이 크기는 하지만 꿈의숲효성해링턴과 비슷한 시세면서 같은 단지 안에서도 가격이 낮은 편이니 괜찮은 매매가라고 볼 수 있습니다. 하지만 투자금이 6억 원이니 같은 투자금으로 등촌아이파크 103동 13층 물건 두 개에 투자할 수 있기도 합니다. 현재 가용 자금이 6억 원 정도 있고 딱 한 채만 사야 한다면 매매가 자체가 입지대비 확실히 싼 물건을 고르는 것이 좋습니다. 하지만 기회비용을 살려 등촌아이파크에 3억 원 정도 투자한 다음 다른 물건에 추가로 투자하는 것도 괜찮을 수 있습니다.

등촌아이파크와 꿈의숲해링턴을 비교해 본다면 입지가 좀 떨어지는 곳의 신축이냐 괜찮은 곳의 구축이냐의 문제인데, 이 부분은 물건의 상황에 따라 달라질 수 있습니다. 서울시나 수도권 시장이 상승장에서는 모두 같은 방향으로 움직인다고 가정하면 입지가 더 좋은 강서구가 매력적일 수 있지만, 강북구 물건은 연식이 오래되지 않았다는 장점이 있습니다. 그렇다면 투자금이 조금 더 적게 들거나 더 좋은 매매조건의 물건을 찾는 것도 방법입니다. 이런 경우에는 등촌아이파크 103동 13층 물건이나 꿈의숲효성해링턴 106동 4층 물건이 유리하다고 볼 수 있습니다.

그런데 확인해 보니 등촌아이파크 203동 5층 물건이 입주 날짜에 여유가 있어 수리 기간도 확보할 수 있고 잔금 기간도 5개월 정도 늦출 수 있다고 합니다. 그렇다면 수리비를 계산해 보고 입주 시점에 전세가가 올라갈 수 있는

최종 투자 검토 매물 리스트				
단지명	매매	전세	투자금	세부 내용
등촌아이파크 103동 13층	11억 원	8억 원	3억 원	수리 완료, 매도인 점유개정
등촌아이파크 203동 5층	10억 5,000만 원	6억 5,000만 원	4억 원	수리 필요. 수리 시 전세 8억 원 수리 기간 줄 수 있음
등촌아이파크 201동 11층	11억 5,000만 원	8억 원	3억 5,000만 원	입주 가능, 수리 완료 상태
꿈의숲효성해링턴 106동 4층	11억 5,000만 원	8억 원	3억 5,000만 원	현재 공실, 잔금 5개월 가능
꿈의숲효성해링턴 105동 7층	12억 원	7억 5,000만 원	4억 5,000만 원	풀옵션, 7억5,000만 원 세 안고 있음. 매매
꿈의숲효성해링턴 110동 14층	12억 5,000만 원	8억 원	4억 5,000만 원	빠른 입주 시 조율 가능
월계센트럴아이파크 103동 13층	12억 원	6억 원	6억 원	전망 좋은 고층, 옵션 양호, 세 안고 있음
월계센트럴아이파크 104동 15층	14억 원	8억 원	6억 원	로열동, 로열층, 풀옵션 입주 가능
월계센트럴아이파크 105동 7층	13억 5,000만 원	8억 5,000만 원	5억 원	풀옵션, 4개월 내 입주 가능

지, 인근 전세 수요는 어떤지 등을 고려해 보면서 이 물건도 선택지에 넣어볼 수 있죠. 현재 전세가는 수리된 물건을 기준으로 8억 원이지만 5개월 뒤 지금보다 전세 시세가 올라간다면 투자금을 줄일 수 있기 때문입니다.

또한 투자 물건을 매수할 때 가장 좋은 경우는 현재 살고 있는 매도인이 전세로 전환하게 되어 세입자를 새로 구할 필요가 없는 경우입니다. 이렇게 매수할 수 있는 물건이 없다면 계약금을 낸 후 잔금을 치를 때까지의 기간을 길게 조정한 상태에서 중간에 수리 기간, 공실 기간 등을 확보하는 것도 중요합니다. 매매가나 전세가 등 여러 조건이 비슷하다면 이렇게 수리 기간 확보 여부, 공실 여부 등을 따져보며 유리한 물건을 찾는 것도 투자 물건을 추려 나가는 좋은 방법입니다. 신축은 수리를 걱정할 필요가 없고 유지보수에 신경을 덜 써도 되니 같은 조건이라면 신축을 선택하는 것도 좋습니다.

더욱이 투자에서는 반드시 리스크 관리에 대해 생각해야 합니다. 예를 들어 내가 가진 가용 자산을 따져보니 4억 원 정도라고 해 봅시다. 이때 투자금을 딱 4억 원으로 잡고 투자를 한다면 계획대로 되지 않는 경우 문제가 생길 수 있습니다. 예를 들어 등촌아이파크 201동 11층 11억 5,000만 원짜리 물건의 전세를 8억 원으로 예상하고 취·등록세나 수수료 등을 포함해 총투자금 4억 원 정도면 괜찮다고 생각했는데, 예기치 못하게 전세가가 1억 원 정도 떨어져 7억 원이 된다면 투자금이 부족해지면서 난처한 상황에 빠지게 됩니다. 최악의 경우 전세금을 내려서 전세를 맞출 수 있을 정도의 여유를 잡고 투자를 하거나 103동 13층처럼 매도인이 전세로 전환하는 안정적인 물건을 선택하는 것이, 상황이 여유롭지 않을 때 적합한 방법입니다.

전세를 활용하는 투자에서 가장 큰 리스크는 전세를 원하는 시기에 원하는 시세로 맞추지 못하는 겁니다. 대표적인 리스크 사례 몇 가지를 아래와 같이 정리했습니다. 이런 단지에 투자를 생각 중이라면 매매가가 충분히 싸고 리스크에 대응할 수 있는 경우에만 접근하시기 바랍니다. 특히 전세가는 늘 보수적으로 예상하고 접근하되 매도인이 전세로 전환하는 물건, 수리가 깔끔하게 되어있는 물건, 공실 등 집을 보기에 쉬운 물건을 선택하는 것이 가장 좋습니다.

이렇게 조건을 고려해서 물건을 세 개 정도 추렸다면 이제 부동산 소장님을 통해서 세부 조건을 조율해 봅니다. 물건을 세 개 정도 추리는 이유는 딱 한 개의 물건만 놓고 가격 조율을 시도하는 것보다 심리적 여유가 생기기 때문입니다. 한 개의 물건만 찍어둔 경우, 그 거래가 성사되지 않거나 의견 조율이 어렵다면 여지없이 상대방 조건에 맞춰야 할 수 있습니다.

하지만 내가 투자할 만한 매물이 다양하고 그 중 어느 물건을 선택해도 괜찮은 상황이라면 첫 번째 물건에서 의견 조율이 안 되더라도 하나만 성공하면 되니 심리적으로 여유 있는 상황에서 협상을 진행할 수 있겠죠.

이렇게 세 물건 정도를 뽑아놓고 매물별로 매매가는 얼마나 조정이 가능한지, 추가로 매도인에게 협조를 구해볼 방법은 없는지, 매매 후 임대를 놓는

전세를 맞추는 경우 고려해야 할 리스크	
구분	확인 포인트
잔금일	잔금일이 너무 짧은 경우 (1~2개월)
전세 물량	단지 내 전세가 많이 쌓여있고 (10~20개) 더디게 나감
인근 입주물량	주변 신축 아파트 입주 진행, 입주 2년차 전세가 나오는 시점
점유인 사정	새로 전세를 구하는 사람들에게 집을 제대로 보여주지 못함
수리 여부	수리를 해야 하지만 수리 기간을 확보하기 어려운 경우

절차에서 협조가 가능한지 등에 대해 문의를 합니다.

가격을 조율할 때는 매수 가능한 가격을 제안하되 그 가격까지 조율이 되면 반드시 매수한다는 전제하에 제안해야 합니다. 그래야 부동산 소장님도 가격 조율을 제대로 제안해 볼 수 있고 매도인도 진지하게 거래에 대해 고민해 볼 수 있기 때문입니다. 매수에 대한 확신이 서면 정확한 가격을 제시하고 기다려봅니다.

자금의 여유가 있다면 계약금 외에 중도금 등을 넉넉히 제시하면서 매매가 조율을 부탁해 보는 것도 좋습니다. 결국 투자에서 가장 중요한 건 시세 대비 저렴하게 사는 건데 내가 가진 여윳돈을 약간 더 쓰면서 매매가를 조정한다면 매도인 입장에서도 미리 자금을 받아서 융통할 수 있는 장점이 있고, 매수자 입장에서도 매매가를 조금이라도 저렴하게 만들 수 있으니 서로 어느 정도 이익을 주고받는 거래가 됩니다.

추려낸 물건들을 기준으로 세부 내용을 조율한 뒤 원하는 가격에 도달하면 최종적으로 매매 거래를 진행하면 됩니다. 제시한 조건과 100% 맞지 않더라도 앞서 분석한 결과를 토대로 지역 자체의 매매가가 싸고 투자금이 크지 않으면서 흐름을 타기 시작한다는 확신이 있다면 매수하는 것도 괜찮습니다.

실제 매수하는 과정을 정리하면서 현장에서 겪을 법한 일들을 확인해 보았습니다. 이 외에도 같은 단지 안에서도 로열동이 있고 선호하는 타입이나 평형이 있으니 같은 조건이라면 사람들이 좀 더 좋아하는 물건을 선택하는 것도 안전마진을 확보할 수 있는 방법입니다.

예를 들어 사람들이 가장 선호하는 남향 판상형 로열동의 중층이 동향 타워형의 탑층과 가격 차이가 별로 없다면 아무래도 남향 판상형 물건이 나은 선택지가 되겠죠. 그런데 만약 같은 단지 안에서 로열동, 로열층 좋은 물건의 투자금이 1억 원일 때 덜 좋은 물건에 들어가는 투자금이 7,000만 원이라면 이때는 수익률을 따져보고 판단해야 합니다. 일단 같은 단지이니 상승장에서 흐름을 타게 된다면 수익률은 비슷할 수 있으니까요.

이런 비교는 같은 단지 안에서도 할 수 있지만 내가 관심을 갖는 단지끼리 비교할 때도 유용합니다. 처음 본 단지의 매물은 로열동, 로열층이며 투자금이 1억 원 필요합니다. 한편 인접한 단지에 입지는 비슷한데 비선호동이고 투자금이 5,000만 원인 물건이 있다고 가정해 봅시다. 실거주하기에는 로열동, 로열층 매물이 좋을 수 있으나 같은 흐름을 타는 지역에서 시세가 비슷하게 움직인다는 것을 감안하면 투자금이 적게 들어가는 단지의 물건이 좋을 수 있습니다. 물론 하락장이 왔을 때 매도하기 어려울 수 있지만 타이밍을 잘 맞출 수 있다면 이런 선택도 나쁘지 않습니다.

만약 추려놓은 매물 세 개에 대한 협상에 모두 실패하면 어떻게 될까요? 이때는 두 가지 방법이 있습니다. 보고 온 매물 중에서 다음 순위에 해당하는 물건으로 협의를 이어가거나 다시 전화 임장을 하며 매물을 찾아보는 방법입니다.

두 방법 모두 유용하게 사용될 수 있는데 특히 단기간에 많은 사람이 몰려들어 매물이 사라진 경우에는 그 단지 인근의 모든 부동산에 전화를 돌리거나 발품을 팔다 보면 괜찮은 매물이 나오곤 합니다. 만약 조율하던 조건이 다 틀어지고 기존에 선택한 매물을 선택하기에는 망설여진다면 다시 전화 임장부터 시작하되 기존에 전화했던 부동산을 포함해서 단지 주변의 모든 부동산과 통화하여 조건에 맞는 물건이 있는지 찾아보시기를 바랍니다. 손품에 다소 힘이 들긴 하지만 그 모든 과정을 거쳐 매수한다면 적어도 다른 비교 대상들보다 우위에 있는 물건을 선택한 것이니 그만큼의 안전마진을 확보한 투자라고 볼 수 있고, 시간이 흐를수록 좋은 결과로 돌아오리라 생각합니다.

　이렇게 세밀한 정보를 따지지 않더라도 지역 자체가 상승 흐름에 있다면 입지가 덜 좋은 곳도 함께 올라갑니다. 하지만 지역과 단지별로 비교하며 살펴봐야 하는 이유는 현시점에서 좋은 물건을 골라야 이후 상승장에서 수익률이 달라질 수 있고, 보유하는 동안 마음고생을 덜 할 수 있기 때문입니다. 더욱이 기회비용 측면에서 상대적으로 덜 좋은 물건이나 입지에 큰돈을 묶어놓으면 그 돈이 다른 곳에서 더 큰 자산으로 불어날 기회도 사라지게 됩니다. 투자에서 가장 중요한 부분은 매수 결정입니다. 아무리 열심히 공부해도 매수를 해야 차익이 생길 수 있다는 것을 다시금 떠올리면서 마지막 시간을 마치겠습니다.

14일 차 꼭 기억해세요

1. 아파트 구입 목적, 세금, 자금 상황 등을 먼저 정확하게 파악합니다.
2. 자신의 상황과 리스크를 감안해 실제 매수할 후보를 세 개 정도 뽑아봅니다.
   이때 예상 가능한 리스크는 최소화합시다.
3. 순위를 매길 때는 각 물건의 매매가를 가장 우선순위에 놓습니다.
4. 매매가와 함께 집 상태, 로열동과 로열층, 방향, 이주 조건 등을 고려해서
   물건을 선정합니다.
5. 매수할 조건을 정해놓고 조율을 부탁합니다.
6. 가장 좋은 조건으로 매수할 수 있는 물건으로 매수를 진행합니다.
7. 조율에 실패했다면 다른 부동산에 전화해서 매물을 찾습니다.
   확인하다 보면 더 좋은 조건의 매물이 나올 수 있습니다.
8. 이렇게 고른 제일 좋은 물건은 안전마진을 가진 투자처가 됩니다.

14일 차 제대로 마무리하기

☐ 매수 전 지금 자신의 상황을 확인 포인트에 맞춰 점검해 봅시다.

☐ 내 조건에 맞게 임장 매물을 추려서 상위 세 개를 추려봅시다.

☐ 내가 원하는 조건을 제시해서 조율 및 매수를 진행해 봅시다.

당신이 지금부터 꼭 했으면 하는 것들

떨리는 마음으로 투자를 시작한 지 이제 햇수로 6년째입니다. 새로운 세상을 알아가는 즐거움에 가슴 설레며 웃음을 짓던 시간도 있었고 때로는 포기해야 하는 수많은 것들을 마음에 품고 눈물 날 만큼 아팠던 시간도 있었습니다. 따뜻한 배려에 울컥하며 감사했던 순간도 있었고 날카로운 말에 상처를 입기도 했었습니다.

그럼에도 6년의 시간을 버틸 수 있었던 건 더 이상 돈 때문에 불행해지고 싶지 않다는 마음 때문이었습니다. 투자를 시작하면서 돈이 생기면 내가 하고 싶은 일들을 적어보는 시간이 있었습니다. 그때 저는 돈이 많이 생기면 거창한 목표를 이뤄야겠다는 게 아니라 그저 마트에서 걱정 없이 장을 보고, 내가 살만한 집을 마련하고, 노후 준비만 제대로 하면 좋겠다는 꿈을 꾸었습니다. 그러다 운 좋게 부동산 상승장을 만나 소박했던 꿈이 무색할 정도로 많은 자산을 얻게 되었습니다. 10년을 바라보고 계획한 것들이 이미 모두 이루어져 더 이상 불안한 미래를 걱정하며 살아가지 않게 되었습니다. 물론 여전히 월급쟁이의 삶을 살고 있지만, 이전과는 비교할 수 없는 여유를 마음에 품고 살아가고 있습니다.

제 이야기를 들으시면서 어떤 생각이 드셨나요? 그저 부럽다고 느끼셨나요? 운이 좋아 보이시나요? 좋은 시절은 이미 다 지나갔고 부동산으로 벌어봐야 다 세금으로 나가니 희망이 없을 것 같다고 생각하시나요? 그냥 포기하고 다시 회사에 매여 월급에 목매는 삶을 사실 건가요?

안됩니다. 절대 안됩니다. 그렇게 하시면 여러분의 현실은 절대 지금보다 나아질 수 없습니다. 확실히 말씀드리지만 아직도 곳곳에서 수많은 기회가 스쳐 지나가고 있습니다. 단지 여러분이 그 사실을 모르는 것뿐입니다. 특히 지금 돈이 부족하다고 느끼고 경제적인 어려움을 겪고 있다면 더더욱 투자를 시작해야 합니다. 이대로 포기해버리면 여러분들을 기다리고 있는 건 다시 시작되는 쳇바퀴 같은 일상일 겁니다. 아무것도 하고 싶지 않은 이유를 수만 가지는 만들어낼 수 있지만 그럼에도 불구하고 시작해야 하는 이유는, 그래야 상황을 바꿀 수 있기 때문입니다. 아무것도 하지 않으면 결국 달라지는 것은 아무것도 없습니다.

똑같은 상황에서 누군가는 마음을 잡고 노력하기 시작합니다. 지출을 줄이고 가계부를 쓰며 종잣돈을 마련하는 것부터, 경제 신문을 읽고 책도 찾아보고 강의도 듣고 커뮤니티에 참여하기도 하며 삶의 방향을 바꾸기 위해 노력합니다. 하지만 또다른 누군가는 불평불만만 가득한 채 노력은 하지 않고 6년 전의 저처럼 일확천금을 꿈꾸며 쉽게 돈을 벌 방법만 찾아다닙니다. 분명히 말씀드릴 수 있는 건 운 좋게 한두 번 돈을 벌어봤다고 투자를 쉽게 생각하면 대부분 좋은 결과를 얻지 못한다는 겁니다. 스스로 주도해서 공부하고 얻은 결과가 아니다 보니 실패의 원인을 타인에게로 돌리게 됩니다. 그 물건이 가진 가치를 모르니 내가 사면 떨어지고 내가 팔면 올라가는 원치 않는 경험을 반복하게 됩니다.

더 심각한 것은 그렇게 조급함에 못 이겨 투자한 결과는 여러분뿐만 아니라 주변의 소중한 사람들에게도 피해를 준다는 점입니다. 빨리 가고 싶어서 쉬운 길을 선택했고 심지어 주변 사람들에게도 권한다거나 무리한 자금을 끌어 투자한 경우, 돌이키는 데 오랜 시간이 걸리게 되고 결국은 더디고 힘든 길을 갈 수 있습니다.

이 책을 끝까지 읽어주신 여러분께 진심을 담아 부탁드리고 싶습니다. 만약 투자를 제대로 하기 원하신다면 책에서 알려드린 방법으로 입지분석과 비교평가에 대한 기초를 쌓아보시기 바랍니다. 기본기를 제대로 갖추지 않고 어설프게 응용하기 시작하면 레시피를 벗어난 요리처럼 제대로 된 성과를 만들 수 없다는 것을 기억하면서 저평가된 매물을 골라 투자를 이어가신다면 반드시 좋은 결과로 이어지리라 생각합니다.

저 역시 6년이라는 시간이 쉽지만은 않았습니다. 하지만 누군가 제게 6년 전으로 돌아가 이렇게 힘든 투자를 또 할 거냐고 묻는다면 단 1초의 망설임도 없이 그렇다고 답할 겁니다. 제 삶을 바꿀 수 있는 유일한 방법이고 제가 사는 사회에서 투자는 필수라고 생각하니까요. 돈이 많다고 행복한 건 아니지만 적어도 돈이 힘들게 하는 시간이 줄어드니 행복에 가까워졌습니다. 과거에 힘들었던 시간은 돌아보니 지금 현실의 행복을 위한 준비시간이었던 같기도 합니다.

이제 여러분 차례입니다. 돈 때문에 다툼은 없으신가요? 여러분과 부모님의 노후는 문제가 없으신가요? 아이들은 돈 걱정 없이 키울 수 있으신가요?

이 질문 중 하나라도 "네!"라고 대답하기 어려운 분께서는 반드시 투자를 해야합니다. 지금부터 꾸준히 해나간다면 반드시 원하는 바를 이룰 수 있습니다. 돈으로 매일 괴로워했던 평범한 월급쟁이이자 극단적인 하락론자였던 저도 이렇게 해냈으니까요.

더 행복해지길 원하시나요?
지금보다 더 나은 현실을 바라시나요?

그렇다면 이제 시작할 시간입니다. 아무것도 하지 않으면 아무것도 바뀌지 않습니다. 변화를 원하시는 여러분께서 스스로의 삶을 바꿔나가시는데 이 책의 내용이 작게나마 도움이 되길 진심으로 바랍니다.

힘든 시간을 참고 기다려준 사랑하는 아내와 아이들과 가족들, 쉽지 않은 투자의 길에서 함께 울고 웃으며 지내온 동료들, 그리고 제 삶을 이끄신 그분께 이 책을 바칩니다.

부록

1) 이 책에서 활용한 사이트 모음
2) 한 눈에 확인하는 입지 & 흐름 키워드
3) 입지분석용 통계자료 모음

이 책에서 활용한 사이트 모음

아실 https://asil.kr

행정안전부 주민등록 인구통계 https://jumin.mois.go.kr

부동산지인 www.aptgin.com

호갱노노 https://hogangnono.com

국가통계포털 https://kosis.kr

국세통계포털 https://tasis.nts.go.kr

KB부동산 https://kbland.kr

상권정보 https://sg.sbiz.or.kr

학교알리미 www.schoolinfo.go.kr

국가교통DB www.ktdb.go.kr

경기도 교통정보센터 https://gits.gg.go.kr

한눈에 확인하는 입지 & 흐름 키워드

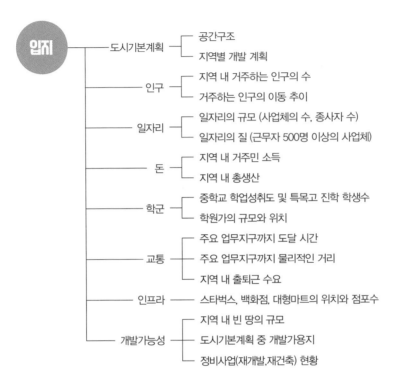

입지

- 도시기본계획
  - 공간구조
  - 지역별 개발 계획
- 인구
  - 지역 내 거주하는 인구의 수
  - 거주하는 인구의 이동 추이
- 일자리
  - 일자리의 규모 (사업체의 수, 종사자 수)
  - 일자리의 질 (근무자 500명 이상의 사업체)
- 돈
  - 지역 내 거주민 소득
  - 지역 내 총생산
- 학군
  - 중학교 학업성취도 및 특목고 진학 학생수
  - 학원가의 규모와 위치
- 교통
  - 주요 업무지구까지 도달 시간
  - 주요 업무지구까지 물리적인 거리
  - 지역 내 출퇴근 수요
- 인프라 ─ 스타벅스, 백화점, 대형마트의 위치와 점포수
- 개발가능성
  - 지역 내 빈 땅의 규모
  - 도시기본계획 중 개발가용지
  - 정비사업(재개발,재건축) 현황

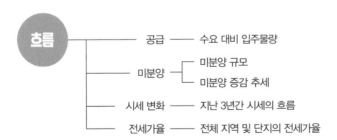

흐름

- 공급 ── 수요 대비 입주물량
- 미분양
  - 미분양 규모
  - 미분양 증감 추세
- 시세 변화 ── 지난 3년간 시세의 흐름
- 전세가율 ── 전체 지역 및 단지의 전세가율

입지분석용 통계자료 모음

입지분석에 유용하게 사용할 수 있는 데이터들을 일부 가공해서 정리한 자료입니다. 직접 찾아보시는 것이 가장 도움이 되지만 일부 데이터들은 찾아서 정리하는데 꽤 오랜 시간이 소요되어, 정리해서 책에 넣었으니 입지분석에 잘 활용하시길 바랍니다.

아울러 번거롭더라도 부동산 관련 다양한 통계자료는 꼭 한 번쯤 찾아보시기를 권합니다. 관심있는 지역의 통계자료를 활용해 객관적인 정리를 마친 뒤, 다른 지역과 비교하면서 좋은 지역이 어디인지를 판단하는 거죠. 통계 수치를 직접 찾아보고 그 안의 의미를 고민하다 보면 부동산 관련 지식도 한층 넓고 깊어질 것입니다.

순위	행정기관	총인구수 (명)	세대수	세대당 인구 (명)
	인구 – 지방도시 상위 인구지역 (2021년 7월 기준)			
1	경상남도 창원시	1,034,635	448,373	2.31
2	충청북도 청주시	847,642	383,130	2.21
3	전라북도 전주시	657,664	289,324	2.27
4	충청남도 천안시	657,584	294,912	2.23
5	경상남도 김해시	539,477	225,089	2.4
6	경상북도 포항시	503,489	229,763	2.19
7	경상북도 구미시	414,207	181,732	2.28
8	강원도 원주시	355,432	162,463	2.19
9	경상남도 양산시	353,981	152,169	2.33
10	경상남도 진주시	347,314	155,877	2.23
11	충청남도 아산시	321,170	143,617	2.24
12	강원도 춘천시	282,592	127,886	2.21
13	전라남도 순천시	281,883	123,231	2.29
14	전라북도 익산시	279,836	129,694	2.16
15	전라남도 여수시	278,123	127,654	2.18
16	경상북도 경산시	267,453	123,338	2.17
17	전라북도 군산시	266,226	121,541	2.19
18	경상북도 경주시	252,438	122,566	2.06
19	경상남도 거제시	242,852	103,675	2.34
20	전라남도 목포시	220,379	102,865	2.14
21	강원도 강릉시	212,957	102,198	2.08
22	충청북도 충주시	209,602	98,832	2.12
23	충청남도 서산시	176,205	80,623	2.19
24	충청남도 당진시	166,937	78,846	2.12
25	전라남도 광양시	150,699	66,187	2.28
26	경상북도 김천시	140,219	67,949	2.06
27	충청북도 제천시	132,269	64,459	2.05
28	경상남도 통영시	126,312	59,721	2.12
29	전라남도 나주시	116,636	58,892	1.98
30	충청남도 논산시	115,239	57,819	1.99

일자리 - 지역별 사업체 및 종사자수 (2019년 기준)

지역별(시/군/구)(1)	지역별(시/군/구)(2)	2019 사업체수 (개)	2019 총종사자수 (명)
서울시	소계	455,160	4,574,965
경기도	소계	530,438	4,526,766
부산시	소계	147,715	1,196,973
경상남도	소계	133,988	1,133,175
인천시	소계	104,512	896,246
경상북도	소계	104,466	890,715
충청남도	소계	86,455	784,919
대구시	소계	98,972	769,941
서울시	강남구	53,831	679,558
충청북도	소계	65,263	592,661
전라남도	소계	73,196	573,291
전라북도	소계	71,781	544,787
광주시	소계	64,727	519,408
대전시	소계	59,585	508,524
강원도	소계	65,701	484,797
경기도	화성시	42,630	448,390
울산시	소계	42,153	446,020
경기도	성남시	39,127	413,550
서울시	서초구	32,710	407,336
경상남도	창원시	41,307	369,887
경기도	수원시	39,778	369,509
서울시	영등포구	24,633	342,660
서울시	중구	36,534	341,066
서울시	송파구	29,135	309,757
경기도	용인시	34,405	305,340
충청북도	청주시	31,771	288,426
경기도	고양시	39,401	277,551
경기도	안산시	28,706	275,361
충청남도	천안시	28,141	250,288
경기도	부천시	32,444	249,177
서울시	강서구	20,903	227,054
경기도	안양시	26,669	226,154
서울시	금천구	21,803	225,094

지역별(시/군/구)(1)	지역별(시/군/구)(2)	2019 사업체수 (개)	2019 총종사자수 (명)
서울시	마포구	22,993	224,871
서울시	종로구	21,032	220,163
제주특별자치도	소계	31,752	215,166
경기도	평택시	20,021	202,181
인천시	남동구	22,511	200,729
서울시	구로구	21,205	198,471
전라북도	전주시	27,316	198,122
경상남도	김해시	25,440	197,601
경기도	시흥시	25,011	179,197
대구시	달서구	21,024	175,360
인천시	서구	20,407	172,034
경상북도	포항시	18,956	171,243
경기도	파주시	18,725	167,878
경상북도	구미시	16,244	167,839
제주특별자치도	제주시	23,881	162,914
충청남도	아산시	13,336	159,425
서울시	성동구	16,847	157,854
경기도	김포시	21,928	153,243
울산시	남구	16,922	150,896
대전시	서구	18,555	149,747
대전시	유성구	14,709	145,405
광주시	광산구	17,400	142,557
경기도	남양주시	22,262	141,632
부산시	부산진구	16,739	140,885
광주시	북구	17,212	135,144
광주시	서구	15,115	131,107
대구시	북구	19,606	128,336
인천시	부평구	15,517	126,521
강원도	원주시	14,896	126,106
부산시	해운대구	15,881	125,120
경상남도	양산시	13,440	121,652
경기도	광주시	16,608	121,252
서울시	용산구	11,799	120,674
서울시	강동구	13,568	117,252

지역별(시/군/구)(1)	지역별(시/군/구)(2)	2019 사업체수 (개)	2019 총종사자수 (명)
부산시	강서구	12,804	116,122
경기도	이천시	9,098	111,926
서울시	동대문구	14,794	110,676
전라남도	여수시	11,634	109,716
경상남도	진주시	14,186	107,198
대구시	수성구	13,723	106,810
서울시	광진구	12,512	105,293
경상북도	경주시	11,175	101,990
부산시	사상구	14,506	101,950
인천시	연수구	11,191	101,863
울산시	울주군	8,819	97,753
경상남도	거제시	7,673	97,726
인천시	미추홀구	12,708	96,646
경기도	군포시	10,610	96,363
경기도	의정부시	13,667	94,619
서울시	양천구	12,143	94,429
경상북도	경산시	10,189	93,879
서울시	서대문구	9,135	93,417
대구시	동구	12,061	93,364
전라북도	익산시	11,012	91,009
울산시	북구	6,381	89,983
부산시	사하구	10,792	89,966
강원도	춘천시	11,736	89,538
서울시	노원구	11,327	89,499
서울시	성북구	10,596	87,794
대구시	달성군	9,194	87,717
경기도	안성시	8,378	86,257
서울시	동작구	9,466	85,940
인천시	중구	6,771	85,417
세종시	소계	10,292	85,296
세종시	세종시	10,292	85,296
서울시	관악구	11,913	83,765
전라남도	순천시	10,927	82,013
전라북도	군산시	10,224	81,577

지역별(시/군/구)(1)	지역별(시/군/구)(2)	2019 사업체수 (개)	2019 총종사자수 (명)
경기도	포천시	10,677	81,326
대전시	대덕구	8,879	79,818
경기도	양주시	10,636	77,701
경기도	광명시	9,960	76,913
충청북도	충주시	9,406	76,751
대전시	중구	9,729	76,625
서울시	중랑구	11,339	76,486
부산시	금정구	8,622	75,860
충청남도	당진시	6,649	72,710
대구시	중구	9,929	72,019
경기도	하남시	10,498	71,956
부산시	동래구	9,506	70,718
부산시	남구	8,263	69,441
강원도	강릉시	9,927	69,012
부산시	연제구	8,782	68,957
서울시	은평구	9,889	68,912
전라남도	광양시	6,562	68,729
충청북도	음성군	5,726	67,546
인천시	계양구	8,859	66,508
부산시	동구	6,323	64,949
울산시	동구	3,716	64,572
대구시	서구	8,088	61,159
충청남도	서산시	6,182	61,049
경기도	오산시	7,199	60,064
전라남도	목포시	8,862	59,505
광주시	동구	8,281	58,363
대전시	동구	7,713	56,929
부산시	기장군	6,570	55,593
부산시	중구	7,228	55,060
서울시	강북구	7,912	54,653
경기도	구리시	8,256	53,768
서울시	도봉구	7,141	52,291
제주특별자치도	서귀포시	7,871	52,252
광주시	남구	6,719	52,237

지역별(시/군/구)(1)	지역별(시/군/구)(2)	2019 사업체수 (개)	2019 총종사자수 (명)
경상북도	칠곡군	6,702	51,878
충청북도	진천군	3,696	49,146
경상북도	김천시	4,833	47,065
부산시	수영구	6,567	46,902
경기도	의왕시	5,191	46,643
대구시	남구	5,347	45,176
부산시	북구	6,365	43,974
전라북도	완주군	3,807	43,071
충청북도	제천시	6,095	43,055
경상남도	사천시	4,841	42,980
울산시	중구	6,315	42,816
경상북도	안동시	5,909	42,732
전라남도	나주시	4,569	41,944
충청남도	공주시	4,534	37,639
경기도	여주시	4,655	37,587
경상남도	함안군	4,203	37,045
부산시	서구	4,473	36,597
충청남도	논산시	4,949	36,107
경상북도	영천시	4,035	35,710
부산시	영도구	4,294	34,879
충청남도	보령시	3,975	30,136
경상북도	영주시	4,376	29,542
전라북도	정읍시	4,009	29,193
경상남도	통영시	4,782	28,994
충청남도	홍성군	4,026	28,710
전라남도	영암군	2,667	28,624
인천시	동구	3,734	28,341
전라북도	김제시	3,712	28,200
경상남도	밀양시	3,656	27,753
경기도	과천시	2,022	25,788
강원도	동해시	3,552	25,556
충청남도	예산군	2,976	24,947
강원도	속초시	3,942	23,864
경상북도	상주시	3,133	22,589

지역별(시/군/구)(1)	지역별(시/군/구)(2)	2019 사업체수 (개)	2019 총종사자수 (명)
경기도	양평군	3,826	22,583
경기도	동두천시	2,901	22,194
충청남도	금산군	2,563	21,204
강원도	삼척시	2,801	21,105
경상남도	창녕군	2,493	20,580
경기도	가평군	3,536	20,409
전라남도	화순군	2,517	19,606
강원도	홍천군	2,675	19,288
전라남도	무안군	2,843	18,867
전라북도	남원시	2,883	18,229
경상북도	문경시	2,373	18,084
충청남도	서천군	2,095	17,955
충청남도	태안군	2,415	16,800
경상북도	성주군	2,433	16,696
전라남도	해남군	2,535	16,630
경상북도	고령군	2,185	15,916
충청북도	옥천군	1,944	15,359
경상남도	고성군	1,939	14,978
경상남도	거창군	2,083	14,888
전라남도	담양군	2,115	14,862
전라남도	장성군	1,785	14,767
전라남도	영광군	2,025	14,607
전라북도	고창군	2,390	14,212
강원도	정선군	1,490	14,189
강원도	횡성군	1,819	14,059
인천시	강화군	2,154	13,744
강원도	태백시	2,094	13,394
경상북도	울진군	1,824	13,267
전라남도	고흥군	2,110	13,208
전라북도	부안군	2,045	13,081
충청남도	부여군	1,987	12,968
강원도	평창군	1,810	12,858
강원도	영월군	1,668	11,404
경상북도	청도군	1,727	10,926

지역별(시/군/구)(1)	지역별(시/군/구)(2)	2019 사업체수 (개)	2019 총종사자수 (명)
충청북도	단양군	1,309	10,839
충청북도	증평군	1,336	10,772
충청북도	영동군	1,481	10,623
충청북도	괴산군	1,322	10,383
경기도	연천군	1,613	10,254
경상남도	남해군	1,783	10,206
경상북도	의성군	1,676	9,940
전라남도	완도군	1,947	9,923
전라남도	장흥군	1,821	9,844
강원도	양양군	1,541	9,775
경상남도	하동군	1,435	9,772
충청북도	보은군	1,177	9,761
전라남도	보성군	1,420	9,537
강원도	고성군	1,264	9,040
경상남도	함양군	1,329	9,014
강원도	철원군	1,403	8,749
경상남도	산청군	1,320	8,658
전라남도	곡성군	968	8,591
경상북도	예천군	1,480	8,519
경상남도	합천군	1,243	8,469
충청남도	청양군	1,438	8,166
경상북도	영덕군	1,419	8,134
전라남도	강진군	1,480	8,097
전라남도	함평군	1,238	7,950
강원도	인제군	1,265	7,623
경상북도	봉화군	1,062	7,308
충청남도	계룡시	1,189	6,815
경상북도	청송군	794	6,668
전라북도	임실군	883	6,658
전라북도	무주군	1,033	6,654
전라남도	진도군	1,387	5,816
경상남도	의령군	835	5,774
경상북도	군위군	867	5,723
전라남도	구례군	794	5,543

지역별(시/군/구)(1)	지역별(시/군/구)(2)	2019 사업체수 (개)	2019 총종사자수 (명)
전라북도	진안군	903	5,526
전라북도	순창군	896	5,232
강원도	양구군	969	4,954
전라남도	신안군	990	4,912
인천시	옹진군	660	4,443
강원도	화천군	849	4,283
전라북도	장수군	668	4,023
경상북도	울릉군	604	2,590
경상북도	영양군	470	2,477

돈 – 지역별 연말정산 기준 근로 소득 (상위 150개 지역)

순위	지역	2019년 (만원)	인원	금액 (백만원)	2020년 (만원)	증감 (만원)
1	강남구	6,964	209,653	14,926,829	7,120	156
2	서초구	6,901	168,901	12,021,965	7,118	216
3	용산구	5,885	92,859	5,822,661	6,270	386
4	과천시	5,515	24,757	1,426,949	5,764	249
5	송파구	4,893	280,758	14,203,992	5,059	166
6	종로구	4,763	52,689	2,566,206	4,870	108
7	성남시	4,659	386,583	18,538,439	4,795	137
8	마포구	4,479	156,129	7,296,518	4,673	195
9	울산시 북구	4,571	87,723	4,078,250	4,649	78
10	수성구	4,519	137,431	6,366,481	4,632	113
11	서울시 중구	4,489	47,280	2,184,474	4,620	132
12	울산시 남구	4,582	120,003	5,540,033	4,617	35
13	성동구	4,449	117,651	5,431,210	4,616	168
14	유성구	4,580	143,730	6,603,505	4,594	14
15	양천구	4,440	175,717	8,042,926	4,577	137
16	용인시	4,475	422,411	19,243,442	4,556	81
17	계룡시	4,523	15,329	693,988	4,527	4
18	연수구	4,330	157,315	6,987,847	4,442	112
19	세종시	4,292	143,648	6,352,334	4,422	130
20	울산시	4,324	427,549	18,696,556	4,373	49
21	해운대구	4,230	136,706	5,940,223	4,345	115
22	울산 중구	4,255	77,069	3,337,974	4,331	76
23	영등포구	4,164	170,948	7,398,345	4,328	164
24	화성시	4,346	382,446	16,510,895	4,317	−29
25	서울시	4,148	3,845,841	164,800,618	4,285	137
26	수원시	4,097	496,446	20,619,713	4,153	57
27	광양시	4,102	53,016	2,200,508	4,151	48
28	서대문구	3,947	121,106	4,982,198	4,114	167
29	서산시	4,092	60,931	2,499,509	4,102	11
30	이천시	3,906	90,337	3,696,189	4,092	185
31	의왕시	3,939	67,117	2,742,592	4,086	148
32	동작구	3,974	163,292	6,661,784	4,080	106
33	울산시 동구	4,030	60,668	2,468,514	4,069	39

순위	지역	2019년 (만원)	인원	금액 (백만원)	2020년 (만원)	증감 (만원)
34	강동구	3,807	183,833	7,447,177	4,051	244
35	여수시	4,047	89,624	3,618,948	4,038	−9
36	포항시	3,951	164,385	6,582,253	4,004	53
37	울주군	3,978	82,086	3,271,785	3,986	8
38	안양시	3,868	225,747	8,979,071	3,977	109
39	성북구	3,846	155,845	6,132,023	3,935	89
40	아산시	3,889	128,723	5,012,543	3,894	5
41	고양시	3,810	412,968	16,057,004	3,888	78
42	하남시	3,772	117,413	4,527,216	3,856	84
43	창원시	3,746	386,520	14,785,688	3,825	80
44	청주시	3,683	335,500	12,794,089	3,813	130
45	거제시	3,670	92,590	3,523,240	3,805	135
46	부산시 강서구	3,697	54,772	2,083,924	3,805	107
47	구미시	3,765	157,096	5,975,838	3,804	39
48	울릉군	3,741	2,892	109,980	3,803	62
49	순천시	3,715	93,636	3,560,435	3,802	88
50	경기도	3,706	5,358,357	203,302,793	3,794	88
51	울진군	3,701	13,335	505,865	3,794	93
52	천안시	3,708	272,761	10,302,347	3,777	69
53	옹진군	3,712	6,719	253,660	3,775	63
54	광명시	3,601	120,421	4,544,906	3,774	173
55	광진구	3,681	145,629	5,495,292	3,773	92
56	노원구	3,669	191,248	7,206,570	3,768	99
57	전국	3,669	19,167,273	721,686,447	3,765	96
58	당진시	3,792	61,268	2,306,354	3,764	−28
59	부산시 남구	3,661	88,621	3,331,402	3,759	98
60	강서구	3,632	245,495	9,178,851	3,739	107
61	동래구	3,633	93,747	3,505,108	3,739	106
62	광주시 서구	3,635	107,560	4,012,119	3,730	95
63	군포시	3,671	115,454	4,302,875	3,727	56
64	진주시	3,642	116,342	4,317,240	3,711	69
65	광주시 남구	3,616	72,046	2,673,078	3,710	94
66	대전시	3,597	543,143	19,967,252	3,676	80
67	충남	3,613	755,799	27,671,440	3,661	48

순위	지역	2019년 (만원)	인원	금액 (백만원)	2020년 (만원)	증감 (만원)
68	금정구	3,571	77,707	2,828,261	3,640	69
69	광주시 동구	3,531	34,291	1,247,189	3,637	106
70	태백시	3,541	14,158	514,446	3,634	92
71	연제구	3,531	72,631	2,638,105	3,632	102
72	동해시	3,521	28,990	1,050,923	3,625	104
73	평택시	3,544	211,984	7,667,941	3,617	73
74	대전시 서구	3,543	181,012	6,544,804	3,616	73
75	사천시	3,454	36,453	1,317,790	3,615	161
76	무안군	3,459	25,722	928,691	3,610	152
77	전주시	3,524	230,833	8,334,167	3,610	87
78	김포시	3,461	191,698	6,882,406	3,590	130
79	양평군	3,504	32,497	1,165,650	3,587	83
80	예천군	3,559	14,275	509,590	3,570	11
81	양구군	3,431	6,976	248,689	3,565	134
82	경남	3,475	1,155,835	41,161,201	3,561	86
83	경주시	3,471	85,577	3,042,110	3,555	84
84	충북	3,430	598,668	21,245,307	3,549	119
85	광주	3,437	522,020	18,431,140	3,531	94
86	김천시	3,471	43,594	1,538,390	3,529	57
87	전남	3,457	543,939	19,190,602	3,528	71
88	삼척시	3,405	19,514	688,283	3,527	123
89	인제군	3,473	10,535	371,500	3,526	54
90	경북	3,462	829,463	29,217,923	3,523	60
91	구리시	3,384	72,780	2,547,881	3,501	117
92	수영구	3,393	61,121	2,137,472	3,497	104
93	춘천시	3,397	99,263	3,468,477	3,494	97
94	부산시	3,406	1,174,336	40,995,231	3,491	85
95	동대문구	3,367	125,149	4,357,428	3,482	115
96	영월군	3,324	10,545	366,953	3,480	156
97	대구시 중구	3,396	24,996	869,814	3,480	83
98	광산구	3,388	157,345	5,474,694	3,479	91
99	구로구	3,366	171,843	5,972,692	3,476	110
100	대구시	3,376	819,145	28,450,839	3,473	97
101	오산시	3,407	98,384	3,407,873	3,464	57

순위	지역	2019년 (만원)	인원	금액 (백만원)	2020년 (만원)	증감 (만원)
102	달서구	3,379	199,681	6,910,886	3,461	82
103	기장군	3,389	57,961	2,005,187	3,460	70
104	원주시	3,356	126,864	4,380,867	3,453	98
105	영광군	3,439	13,895	479,495	3,451	12
106	은평구	3,308	183,936	6,343,267	3,449	141
107	인천시 중구	3,340	59,077	2,035,945	3,446	106
108	파주시	3,444	181,781	6,263,100	3,445	1
109	군산시	3,395	86,597	2,967,283	3,427	32
110	인천시 서구	3,328	220,757	7,561,718	3,425	97
111	김해시	3,352	208,421	7,131,400	3,422	70
112	화천군	3,415	8,608	294,009	3,416	1
113	영주시	3,306	27,741	945,607	3,409	102
114	강원	3,300	504,341	17,144,070	3,399	99
115	철원군	3,269	13,298	450,611	3,389	119
116	안동시	3,327	46,148	1,558,516	3,377	51
117	인천시	3,270	1,145,602	38,615,008	3,371	101
118	전북	3,285	566,545	19,057,443	3,364	79
119	홍성군	3,254	31,583	1,059,146	3,354	100
120	나주시	3,246	38,318	1,284,259	3,352	105
121	양산시	3,259	129,518	4,336,766	3,348	89
122	완주군	3,272	28,222	943,379	3,343	71
123	부산시 북구	3,274	101,825	3,393,528	3,333	59
124	광주시 북구	3,239	150,778	5,024,059	3,332	93
125	남양주시	3,227	248,027	8,253,413	3,328	101
126	충주시	3,212	72,672	2,414,711	3,323	110
127	달성군	3,232	96,979	3,221,430	3,322	90
128	정선군	3,131	10,894	360,452	3,309	178
129	제천시	3,175	42,278	1,398,072	3,307	132
130	강릉시	3,209	69,500	2,295,783	3,303	94
131	곡성군	3,288	6,933	227,809	3,286	−2
132	태안군	3,232	15,511	509,431	3,284	52
133	증평군	3,238	14,332	470,351	3,282	43
134	진천군	3,164	38,125	1,248,511	3,275	111
135	장성군	3,193	13,286	435,066	3,275	82

순위	지역	2019년 (만원)	인원	금액 (백만원)	2020년 (만원)	증감 (만원)
136	부천시	3,170	325,798	10,659,954	3,272	102
137	신안군	3,149	7,408	241,732	3,263	114
138	대전시 중구	3,167	80,389	2,623,096	3,263	96
139	거창군	3,143	15,525	506,286	3,261	118
140	남동구	3,178	206,416	6,728,459	3,260	82
141	제주시	3,167	171,469	5,584,793	3,257	90
142	보령시	3,237	31,056	1,011,389	3,257	20
143	칠곡군	3,243	41,089	1,336,101	3,252	9
144	서천군	3,196	12,387	402,271	3,248	51
145	부산시 서구	3,145	33,847	1,097,302	3,242	96
146	대구시 동구	3,128	113,389	3,668,489	3,235	107
147	부산시 진구	3,172	123,188	3,980,138	3,231	59
148	제주도	3,136	225,998	7,297,193	3,229	92
149	시흥시	3,080	217,213	6,973,752	3,211	131
150	안산시	3,092	272,667	8,730,999	3,202	110

돈 – 지역별 지역 내 총생산 (2018년 기준)		
행정구역별(1)	행정구역별(2)	GRDP(백만원)
경기도	소계	479,822,189
서울시	소계	423,742,112
충청남도	소계	115,534,184
경상남도	소계	110,720,199
경상북도	소계	108,782,638
부산시	소계	89,979,896
인천시	소계	88,735,401
경기도	화성시	77,734,006
전라남도	소계	75,424,584
울산시	소계	73,647,537
충청북도	소계	69,636,876
서울시	강남구	69,186,319
대구시	소계	56,714,479

행정구역별(1)	행정구역별(2)	GRDP(백만원)
서울시	중구	54,274,488
전라북도	소계	50,595,318
강원도	소계	46,925,797
경기도	성남시	42,307,526
대전시	소계	41,308,348
광주시	소계	39,805,406
경상남도	통합창원시	38,838,176
충청북도	통합청주시	36,038,153
경기도	수원시	35,441,134
서울시	서초구	35,277,030
서울시	영등포구	34,299,880
경상북도	구미시	33,860,074
경기도	평택시	33,792,725
서울시	종로구	31,868,698
울산시	남구	30,758,240
경기도	용인시	30,520,652
충청남도	아산시	30,218,688
서울시	송파구	28,617,470
전라남도	여수시	26,408,107
충청남도	천안시	26,165,157
경기도	안산시	26,110,913
경기도	이천시	24,581,118
경기도	고양시	21,542,187
경기도	파주시	20,964,078
제주특별자치도	소계	20,051,121
서울시	마포구	19,474,677
인천광역시	서구	18,950,490
경상북도	포항시	18,577,440
울산시	울주군	18,464,057
경기도	안양시	18,138,376
충청남도	서산시	17,793,365
서울시	강서구	17,607,271
경기도	부천시	17,462,247
서울시	금천구	17,162,843

행정구역별(1)	행정구역별(2)	GRDP(백만원)
경기도	시흥시	16,210,910
인천시	남동구	16,079,177
경상남도	김해시	15,827,827
전라북도	전주시	15,300,987
인천시	중구	14,559,776
제주특별자치도	제주시	14,343,720
서울시	구로구	13,816,661
대전시	유성구	13,577,419
부산시	강서구	13,354,327
경기도	김포시	13,296,398
광주시	광산구	12,897,093
서울시	용산구	12,300,317
대전시	서구	12,044,882
서울시	성동구	11,657,151
충청남도	당진시	11,630,730
대구시	달서구	11,620,034
인천시	연수구	11,300,722
경기도	남양주시	10,974,908
대구시	북구	10,863,537
경상남도	양산시	10,727,181
울산시	북구	10,724,314
인천시	부평구	10,495,350
경상북도	경주시	10,170,999
광주시	서구	10,096,608
광주시	북구	9,955,766
전라남도	광양시	9,688,279
경기도	광주시	9,658,391
강원도	원주시	9,534,591
울산시	동구	9,408,781
경기도	안성시	9,363,646
전라북도	군산시	9,098,915
경상남도	거제시	8,948,449
부산시	해운대구	8,845,460
서울시	강동구	8,825,479

행정구역별(1)	행정구역별(2)	GRDP(백만원)
부산시	부산진구	8,516,260
경상남도	진주시	8,412,605
서울시	서대문구	8,363,965
충청북도	음성군	8,168,801
경기도	광명시	8,116,318
경상북도	경산시	7,793,697
강원도	춘천시	7,735,704
대구시	수성구	7,716,974
충청북도	충주시	7,618,438
전라북도	익산시	7,618,352
대구시	달성군	7,589,674
경기도	군포시	7,487,177
충청북도	진천군	7,398,059
경기도	의정부시	7,350,069
서울시	동대문구	7,328,160
대전시	대덕구	7,280,039
대구시	동구	7,036,716
인천시	미추홀구	6,976,354
서울시	양천구	6,931,171
부산시	사하구	6,900,352
부산시	사상구	6,760,826
부산시	연제구	6,744,687
경기도	포천시	6,705,276
경기도	양주시	6,614,566
경기도	하남시	6,491,728
서울시	노원구	6,387,713
서울시	동작구	6,362,074
서울시	광진구	6,342,279
전라남도	순천시	6,084,240
서울시	성북구	6,054,811
서울시	관악구	5,836,563
부산시	남구	5,708,284
제주특별자치도	서귀포시	5,707,401
경기도	오산시	5,649,896

행정구역별(1)	행정구역별(2)	GRDP(백만원)
경상북도	김천시	5,528,117
부산시	기장군	5,437,095
대구시	중구	5,426,313
강원도	강릉시	5,326,931
대전시	중구	4,902,752
경상북도	안동시	4,898,006
전라북도	완주군	4,792,392
경기도	과천시	4,783,175
서울시	은평구	4,754,342
부산시	동구	4,552,679
인천시	계양구	4,530,580
부산시	금정구	4,492,619
서울시	중랑구	4,452,719
전라남도	나주시	4,381,126
경상남도	사천시	4,339,377
울산시	중구	4,292,144
경상북도	칠곡군	4,283,321
전라남도	목포시	4,222,818
부산시	동래구	4,063,079
충청남도	보령시	3,901,118
경기도	여주시	3,880,745
경상남도	함안군	3,831,466
경기도	의왕시	3,823,873
충청남도	논산시	3,790,489
광주시	동구	3,728,901
경기도	구리시	3,722,338
충청남도	공주시	3,628,228
경상북도	영천시	3,620,926
대구시	서구	3,514,231
대전시	동구	3,503,256
인천시	동구	3,499,343
서울시	도봉구	3,352,742
부산시	서구	3,287,309
충청남도	홍성군	3,270,406

행정구역별(1)	행정구역별(2)	GRDP(백만원)
충청남도	예산군	3,254,282
서울시	강북구	3,207,289
충청북도	제천시	3,174,936
강원도	동해시	3,161,368
광주시	남구	3,127,038
부산시	북구	3,125,859
경상남도	통영시	3,059,771
경상남도	밀양시	3,008,573
경상북도	영주시	3,005,261
전라남도	무안군	2,997,313
부산시	중구	2,973,236
대구시	남구	2,947,000
전라남도	영암군	2,899,669
충청남도	태안군	2,878,107
전라북도	정읍시	2,867,266
전라북도	김제시	2,804,379
경상남도	창녕군	2,714,984
부산시	영도구	2,642,385
부산시	수영구	2,575,439
강원도	홍천군	2,488,347
강원도	삼척시	2,383,505
전라남도	영광군	2,335,811
경상북도	울진군	2,311,155
충청남도	금산군	2,176,282
경상북도	상주시	2,158,129
경상남도	하동군	2,123,904
충청남도	서천군	2,093,446
경상남도	고성군	2,092,947
전라남도	해남군	2,064,661
충청남도	부여군	2,008,286
경기도	양평군	1,971,375
경기도	가평군	1,831,625
경상북도	성주군	1,829,546
전라남도	장성군	1,791,993

행정구역별(1)	행정구역별(2)	GRDP(백만원)
강원도	철원군	1,778,940
경기도	동두천시	1,768,912
전라북도	고창군	1,752,668
강원도	속초시	1,740,238
경상북도	문경시	1,678,535
강원도	횡성군	1,667,936
인천시	강화군	1,649,168
전라북도	남원시	1,644,180
경상남도	거창군	1,582,053
전라남도	화순군	1,559,249
충청남도	계룡시	1,534,152
경기도	연천군	1,525,901
경상북도	고령군	1,506,063
강원도	평창군	1,498,308
강원도	인제군	1,494,404
전라북도	부안군	1,462,804
강원도	정선군	1,444,017
충청북도	옥천군	1,369,743
전라남도	고흥군	1,355,894
강원도	화천군	1,345,860
전라남도	담양군	1,338,706
충청북도	괴산군	1,312,967
강원도	영월군	1,304,256
경상북도	의성군	1,291,476
충청북도	단양군	1,197,262
경상북도	예천군	1,194,195
충청남도	청양군	1,191,448
충청북도	보은군	1,173,953
충청북도	증평군	1,140,911
경상남도	합천군	1,120,522
전라남도	신안군	1,111,474
경상남도	남해군	1,102,116
전라남도	완도군	1,094,448
강원도	고성군	1,051,002

행정구역별(1)	행정구역별(2)	GRDP(백만원)
충청북도	영동군	1,043,652
강원도	양양군	1,040,540
경상남도	산청군	1,038,297
경상북도	봉화군	1,023,584
경상북도	청도군	1,021,327
경상남도	함양군	1,012,785
전라남도	장흥군	992,227
강원도	태백시	978,447
전라남도	곡성군	954,984
강원도	양구군	951,402
전라남도	보성군	942,601
경상남도	의령군	939,165
전라남도	함평군	935,405
전라남도	강진군	886,144
전라남도	진도군	825,791
경상북도	군위군	817,747
전라북도	임실군	782,850
경상북도	영덕군	778,714
전라북도	순창군	720,399
경상북도	청송군	714,079
인천시	옹진군	694,440
전라북도	진안군	630,425
전라북도	무주군	573,333
전라남도	구례군	553,644
전라북도	장수군	546,368
경상북도	영양군	401,808
경상북도	울릉군	318,439

개발 가능성 - 재개발 사업 관련 (상위 150개 지역)

소재지 (시군구)별(1)	소재지 (시군구)별(2)	계 면적 (㎡)	재개발사업 지구수 (개)	재개발사업 면적 (㎡)	재건축사업 지구수 (개)	재건축사업 면적 (㎡)
전국	소계	135,889,247	1,259	64,234,421	836	37,789,195
서울시	소계	36,462,458	566	18,479,065	313	15,522,335
	종로구	2,292,139	116	1,386,633	1	3,423
	중구	1,548,470	93	1,412,612	0	0
	용산구	1,796,338	31	1,344,617	13	380,485
	성동구	1,762,607	29	1,590,473	7	130,252
	광진구	406,747	3	144,110	7	250,053
	동대문구	2,020,495	37	1,661,512	7	230,720
	중랑구	310,773	6	121,777	7	188,996
	성북구	2,435,925	29	2,058,576	4	150,860
	강북구	1,267,616	9	424,555	13	626,651
	도봉구	192,687	1	13,436	1	28,617
	노원구	932,970	9	631,956	5	219,053
	은평구	1,576,152	23	1,346,162	10	229,990
	서대문구	2,331,168	41	1,818,121	10	330,094
	마포구	688,717	63	464,502	7	224,215
	양천구	544,172	8	396,477	5	147,695
	강서구	604,312	1	9,678	28	594,634
	구로구	691,459	4	276,588	10	353,050
	금천구	95,505	0	0	2	38,894
	영등포구	1,698,724	24	1,107,596	17	497,833
	동작구	1,290,282	19	1,122,213	4	120,489
	관악구	863,450	11	700,953	5	111,099
	서초구	2,933,306	0	0	54	2,933,306
	강남구	2,556,174	0	0	45	2,556,174
	송파구	3,087,752	4	369,454	22	2,718,298
	강동구	2,534,518	5	77,064	29	2,457,454
부산시	소계	15,684,375	114	8,607,709	64	2,603,179
	중구	236,976	0	0	3	37,716
	서구	840,570	6	219,569	1	7,831
	동구	1,274,780	12	331,558	0	0
	영도구	556,664	5	501,355	1	19,467

소재지 (시군구)별(1)	소재지 (시군구)별(2)	계 면적 (㎡)	재개발사업 지구수 (개)	재개발사업 면적 (㎡)	재건축사업 지구수 (개)	재건축사업 면적 (㎡)
부산시	부산진구	2,195,186	24	1,678,942	2	124,615
	동래구	1,793,820	11	1,254,774	12	539,046
	남구	2,248,482	15	1,842,775	5	117,510
	북구	459,922	4	105,725	7	142,991
	해운대구	1,543,684	8	339,196	8	294,361
	사하구	899,940	7	533,892	5	94,359
	금정구	973,597	5	667,947	6	275,820
	연제구	1,017,345	7	506,623	5	396,629
	수영구	913,456	5	357,242	8	479,487
	사상구	370,558	5	268,111	1	73,347
	기장군	359,395	0	0	0	0
	소계	11,268,601	92	4,270,501	141	4,632,303
대구시	중구	1,576,248	33	926,132	12	236,411
	동구	1,536,955	12	708,772	13	591,698
	서구	3,191,339	16	1,162,611	14	700,683
	남구	1,797,219	19	932,230	23	609,074
	북구	676,111	2	85,744	17	510,866
	수성구	1,076,908	6	264,713	29	812,195
	달서구	1,259,725	4	190,299	26	1,017,280
	달성군	154,096	0	0	7	154,096
	소계	5,309,546	61	3,908,836	21	445,996
인천시	중구	157,690	5	157,690	0	0
	동구	952,270	7	587,089	1	50,627
	미추홀구	1,128,344	15	802,343	3	102,826
	연수구	35,157	1	8,548	1	26,609
	남동구	266,947	4	246,596	0	0
인천시	부평구	2,116,704	25	1,757,983	8	107,267
	계양구	416,667	4	348,587	5	68,080
	서구	235,767	0	0	3	90,587
	소계	5,821,648	30	2,676,628	13	653,259
광주시	동구	842,349	13	757,224	0	0
	서구	1,382,000	3	513,264	2	123,184
	남구	1,113,164	2	79,715	7	145,542
	북구	1,128,405	8	838,003	3	290,402

소재지 (시군구)별(1)	소재지 (시군구)별(2)	계 면적 (㎡)	재개발사업 지구수 (개)	재개발사업 면적 (㎡)	재건축사업 지구수 (개)	재건축사업 면적 (㎡)
광주시	광산구	1,355,730	4	488,422	1	94,131
대전시	소계	8,149,976	56	3,685,959	30	1,600,588
	동구	3,598,602	13	1,148,246	13	706,728
	중구	2,564,175	26	1,301,323	8	359,958
	서구	1,155,654	10	815,506	3	323,460
	유성구	167,651	1	97,213	3	70,438
	대덕구	663,894	6	323,671	3	140,004
울산시	소계	2,805,379	11	1,183,171	7	503,252
	중구	1,018,101	3	607,749	0	0
	남구	815,254	7	515,022	4	300,232
	동구	281,789	0	0	3	203,020
	북구	135,935	1	60,400	0	0
	울주군	554,300	0	0	0	0
세종시	소계	17,944	–	–	2	17,944
	세종시	17,944	0	0	2	17,944
경기도	소계	23,122,756	259	15,905,196	99	4,817,941
	수원시	3,343,439	11	1,139,407	17	1,202,627
	성남시	4,134,400	12	2,215,203	17	675,576
	고양시	1,043,871	17	1,027,467	1	16,404
	용인시	765,300	17	765,300	0	0
	부천시	1,532,219	17	798,459	22	733,760
	안산시	1,894,750	42	1,894,750	0	0
	안양시	2,492,287	18	1,441,342	22	1,050,945
	남양주시	976,540	23	825,015	6	151,525
	화성시	348,216	14	348,216	0	0
	평택시	326,251	6	263,222	0	0
	의정부시	550,193	11	550,193	0	0
	시흥시	386,933	10	367,000	1	19,933
경기도	파주시	501,736	6	501,736	0	0
	광명시	1,796,295	21	1,796,295	0	0
	김포시	322,327	4	322,327	0	0
	군포시	166,109	2	166,109	0	0
	이천시	32,400	1	32,400	0	0
	양주시	174,200	6	174,200	0	0

소재지 (시군구)별(1)	소재지 (시군구)별(2)	계 면적 (㎡)	재개발사업 지구수 (개)	재개발사업 면적 (㎡)	재건축사업 지구수 (개)	재건축사업 면적 (㎡)
경기도	오산시	62,964	2	62,964	0	0
	구리시	367,836	6	367,836	0	0
	안성시	11,203	1	11,203	0	0
	의왕시	838,850	10	732,011	2	106,839
	하남시	49,646	1	49,646	0	0
	동두천시	124,362	0	0	2	32,798
	과천시	880,429	1	52,895	9	827,534
강원도	소계	3,595,100	7	396,433	12	436,823
	춘천시	939,648	2	129,656	5	230,354
	원주시	417,769	4	210,548	3	165,976
	강릉시	53,198	0	0	1	5,948
	동해시	842,909	0	0	1	9,144
	태백시	484,858	0	0	0	0
	속초시	386,197	1	56,229	1	24,284
	삼척시	381,904	0	0	0	0
	영월군	87,500	0	0	0	0
	평창군	1,117	0	0	1	1,117
충청북도	소계	2,263,917	8	848,441	8	484,352
	청주시	1,780,294	8	848,441	7	446,550
	충주시	37,802	0	0	1	37,802
	제천시	445,821	0	0	0	0
충청남도	소계	3,133,719	13	823,939	8	262,928
	천안시	870,980	11	573,992	4	209,379
	공주시	424,044	0	0	0	0
	보령시	229,248	0	0	0	0
	아산시	596,884	2	249,947	3	47,219
	논산시	665,243	0	0	1	6,330
	서천군	115,504	0	0	0	0
	홍성군	48,388	0	0	0	0
	예산군	137,968	0	0	0	0
	태안군	45,460	0	0	0	0
전라북도	소계	3,480,417	14	1,015,538	23	727,261
	전주시	2,960,894	14	1,015,538	15	457,479
	군산시	344,246	0	0	4	158,104

소재지 (시군구)별(1)	소재지 (시군구)별(2)	계 면적 (㎡)	재개발사업 지구수 (개)	재개발사업 면적 (㎡)	재건축사업 지구수 (개)	재건축사업 면적 (㎡)
전라북도	익산시	175,277	0	0	4	111,678
전라남도	소계	4,636,547	7	859,783	6	262,446
	목포시	1,102,018	7	859,783	2	36,360
	여수시	843,067	0	0	3	192,706
	순천시	1,153,104	0	0	1	33,380
	나주시	87,740	0	0	0	0
	광양시	416,220	0	0	0	0
	담양군	74,950	0	0	0	0
	구례군	29,474	0	0	0	0
	보성군	99,238	0	0	0	0
	화순군	157,888	0	0	0	0
	강진군	105,460	0	0	0	0
	영암군	41,190	0	0	0	0
	무안군	48,187	0	0	0	0
	함평군	277,988	0	0	0	0
	장성군	114,003	0	0	0	0
	완도군	86,020	0	0	0	0
경상북도	소계	2,537,522	6	302,009	26	961,345
	포항시	359,364	3	183,074	5	176,290
	경주시	36,960	0	0	1	36,960
	김천시	358,396	0	0	0	0
	구미시	1,099,387	3	118,935	20	748,095
	영천시	550,565	0	0	0	0
	경산시	132,850	0	0	0	0
경상남도	소계	5,483,595	15	1,271,213	57	3,700,796
	창원시	4,756,561	14	1,207,770	45	3,331,255
	진주시	320,456	0	0	4	91,378
	통영시	63,443	1	63,443	0	0
	사천시	29,548	0	0	1	29,548
	김해시	67,685	0	0	2	67,685
	거제시	130,800	0	0	3	130,800
	양산시	115,102	0	0	2	50,130

소재지 (시군구)별(1)	소재지 (시군구)별(2)	계 면적 (㎡)	재개발사업 지구수 (개)	재개발사업 면적 (㎡)	재건축사업 지구수 (개)	재건축사업 면적 (㎡)
제주특별 자치도	소계	2,115,747	–	–	6	156,447
	제주시	1,271,908	0	0	6	156,447
	서귀포시	843,839	0	0	0	0

교통 – 서울시 및 수도권 교통수단별 수송분담률 (2016년 기준)

구분	교통수단					
행정구역	승용차(%)	버스(%)	지하철(%)	택시(%)	자전거(%)	기타(%)
서울시	23	29	36	7.8	2	2
종로구	18	28	41	10	0.3	3.6
중구	15	15	59	9	0.3	1.5
용산구	18	24	44	11	1	1.8
성동구	24	20	45	7	2.2	2
광진구	19	24	45	7	3	2
동대문구	21	38	28	8	3	2
중랑구	22	35	28	8	2.5	4.7
성북구	24	43	21	7	1	3.5
강북구	19	47	19	8	3	4.8
도봉구	22	34	33	6	3	3
노원구	25	31	33	8	2	2
은평구	24	38	27	7	2	2
서대문구	19	50	19	8	1.7	1.1
마포구	20	26	45	7	1	1
양천구	36	37	15	7	4	2
강서구	32	29	26	8	1	4
구로구	20	28	45	4	2	2
금천구	34	33	23	6	2	3.2
영등포구	24	26	40	8	1	1
동작구	14	32	48	4	1	1.4
관악구	18	45	26	7	2	2
서초구	25	28	39	8	0	0.6

구분	교통수단					
행정구역	승용차(%)	버스(%)	지하철(%)	택시(%)	자전거(%)	기타(%)
강남구	29	22	36	11	1	1
송파구	32	25	32	7	2	1.1
강동구	27	29	29	10	3	1.7
인천시	46	26	16	8	2	3
중구	48	28	15	5	1	2.8
동구	56	24	6	10	2	3.5
남구	36	35	16	11	1	1.5
연수구	56	18	15	9	2	1
남동구	51	26	12	7	2	2
부평구	31	28	27	8	4	1.6
계양구	40	28	22	8	2	1.2
서구	56	24	11	6	2	1.9
강화군	52	12	1	2.1	3	30.1
옹진군	64	25	0	0.1	0	11.6
경기도	52	29	9.3	5	2	3
수원시	48	35	9	5	2	2
장안구	45	38	5	5	3	5
권선구	55	29	7	6	1	2
팔달구	34	41	17	7	0.9	1
영통구	56	31	6	4	2	1
성남시	42	33	16	7	1	1
수정구	35	38	19	6	1.1	1
중원구	34	42	13	7	0.9	3
분당구	46	29	16	7	0.9	1
의정부시	41	31	20	5	1	2
안양시	39	40	14	5	1	2
만안구	33	45	15	5	1	2
동안구	43	37	13	5	1	2
부천시	41	34	16	5	3	2
광명시	37	35	13	11	2	1
평택시	60	20	4	6	2.1	8
동두천시	48	22	15	9	1.9	3.8
안산시	52	27	8	8	3	2

구분	교통수단					
행정구역	승용차(%)	버스(%)	지하철(%)	택시(%)	자전거(%)	기타(%)
상록구	45	30	9	11	3	2
단원구	57	25	7	6	3	2
고양시	49	31	11	5	2	2
덕양구	46	33	14	4	2	2
일산동구	54	29	8	6	1	2
일산서구	48	29	10	7	4	1
과천시	45	23	25	2	2.5	3
구리시	49	34	5	8	2.5	2.9
남양주시	49	34	7	4	2.2	4
오산시	52	31	7	5	3.6	2
시흥시	61	23	6	6	2	2
군포시	38	29	26	4	1	1
의왕시	56	34	2	3	3	0.8
하남시	56	33	0	3	4.4	3
용인시	60	26	7	3	2	2
처인구	63	23	3	5	2.3	4
기흥구	61	25	7	3	1.5	2
수지구	56	29	10	2	3	1
파주시	63	24	5	3	2	3
이천시	62	23	2	4	3.6	5
안성시	69	19	0	3	1.3	8
김포시	62	28	0	3	3	4.2
화성시	69	22	2	2	2	3
광주시	56	31	3	3	3.9	4.1
양주시	57	30	7	2	1.4	3
포천시	69	18	0	4	1.4	7
여주시	61	20	2	3.9	2.3	11
연천군	57	15	1	3.3	8	16.3
가평군	64	10	6.3	5.5	6.7	7
양평군	70	6	7	4	3.4	8

교통 – 서울시 및 수도권 출근 통행 분포 (2016년 기준)						
구분	출근통행분포 구성비(%)					
행정구역	총출근 발생량	내부 통행량	외부 (경기방향)	외부 (서울시 방향)	외부 (인천시 방향)	외부 (수도권외방향)
서울시	100	84.8	12.9	0	1.6	0.7
종로구	100	35.7	4.8	59	0.5	0
중구	100	42.7	4.4	51.9	0.2	0.8
용산구	100	28.3	8.1	62	1.4	0.2
성동구	100	29.9	7.1	60.6	0.2	2.2
광진구	100	24.4	12.6	61.8	0.6	0.6
동대문구	100	29.4	6.1	62.7	0.6	1.2
중랑구	100	28.8	11.5	59.4	0.1	0.2
성북구	100	24.1	11.7	62.9	1.2	0.1
강북구	100	24.4	4.5	69.4	1.7	0
도봉구	100	22.8	12.2	63.1	1	0.9
노원구	100	27.8	16.9	52.2	0.5	2.6
은평구	100	24.2	11.9	60.9	2.9	0.1
서대문구	100	24	8.4	67.3	0.3	0
마포구	100	35.4	7.6	55.2	1.1	0.7
양천구	100	23.5	14.9	55.2	4.9	1.5
강서구	100	28.6	11.7	53.2	4.7	1.8
구로구	100	26.1	23.9	45.4	3.8	0.8
금천구	100	32.3	28.9	37.3	1.4	0.1
영등포구	100	32.3	12.3	52	2.1	1.3
동작구	100	14.8	11.7	71.4	1.8	0.3
관악구	100	23.9	11	62.8	2.3	0
서초구	100	33.9	13.4	51.4	1.2	0.1
강남구	100	39.3	16.6	43	0.3	0.8
송파구	100	34.8	16.3	47.7	1	0.2
강동구	100	26.5	19.4	53.1	0.5	0.5
인천시	100	71.2	12.9	15.5	0	0.4
중구	100	51.7	5.4	13.7	28.8	0.4
동구	100	29.7	6	17.7	45.9	0.7
남구	100	32.8	7.8	11.5	47.7	0.2

구분	출근통행분포 구성비(%)					
행정구역	총출근 발생량	내부 통행량	외부 (경기방향)	외부 (서울시 방향)	외부 (인천시 방향)	외부 (수도권외방향)
연수구	100	28.9	11.9	8.4	50.2	0.6
남동구	100	40.7	13.3	12	32.7	1.3
부평구	100	31.8	15.7	21.3	31.1	0.1
계양구	100	26.6	16.5	24.1	32.5	0.3
서구	100	38.7	15	18.3	28	0
강화군	100	81.9	14.7	2	0.7	0.7
옹진군	100	89.1	6.4	1.2	3.3	0
경기도	100	74.4	0	20.6	2.3	2.7
수원시	100	49.5	33.9	12.4	0.6	3.6
장안구	100	30.2	51.9	14.3	1.6	2
권선구	100	22.5	59.3	11.9	0.6	5.7
팔달구	100	23.5	65.2	7.7	0.1	3.5
영통구	100	29.5	53	14.6	0.3	2.6
성남시	100	55.6	12.1	29.4	0.3	2.6
수정구	100	30.4	41	26.6	0.1	1.9
중원구	100	36.9	35.7	23.1	0.5	3.8
분당구	100	40	23.6	33.9	0.3	2.2
의정부시	100	46.1	15.5	36.9	0.9	0.6
안양시	100	44.2	24.8	28.2	1.1	1.7
만안구	100	33.9	37.1	26.2	1	1.8
동안구	100	31	36.7	29.6	1.1	1.6
부천시	100	46.4	10.7	29.5	12.8	0.6
광명시	100	31.8	11.7	50.9	4	1.6
평택시	100	71.5	10.8	1.4	0	16.3
동두천시	100	49.3	26.3	23.4	0.5	0.5
안산시	100	68.4	20.2	8.4	1.4	1.6
상록구	100	31.7	55	10.5	1.4	1.4
단원구	100	67.7	22.5	6.6	1.4	1.8
고양시	100	46.5	17.3	32.7	2.8	0.7
덕양구	100	31.2	28.5	38.4	1.4	0.5
일산동구	100	29.5	34.9	30.6	4.5	0.5
일산서구	100	20.1	50.1	25.5	3.1	1.2

구분	출근통행분포 구성비(%)					
행정구역	총출근 발생량	내부 통행량	외부 (경기방향)	외부 (서울시 방향)	외부 (인천시 방향)	외부 (수도권외방향)
과천시	100	20.4	24.8	53.4	0.5	0.9
구리시	100	27.3	19.1	53.1	0.1	0.4
남양주시	100	37.3	25	36.7	0.1	0.9
오산시	100	37.4	58.5	2.1	0.1	1.9
시흥시	100	49.2	31.5	10.1	8.1	1.1
군포시	100	37.8	39.3	20.5	1.5	0.9
의왕시	100	23.4	57.2	17.1	1.4	0.9
하남시	100	41.6	15.7	39.2	0	3.5
용인시	100	48.3	27.9	19.9	0.4	3.5
처인구	100	60.4	23.2	14.5	0.2	1.7
기흥구	100	35.2	41.2	18.1	0.3	5.2
수지구	100	23.6	47.3	25.8	0.6	2.7
파주시	100	66	22.2	9.8	1.4	0.6
이천시	100	79.6	9.4	2.5	0.3	8.2
안성시	100	79.5	10.2	2	0.2	8.1
김포시	100	43.6	20.1	22.5	13.8	0
화성시	100	66.3	23.9	6.1	0.3	3.4
광주시	100	62.5	24.6	12.2	0.2	0.5
양주시	100	60	20.8	16.2	0.3	2.7
포천시	100	87.5	6.1	1.8	0	4.6
여주시	100	81.1	10.1	0.9	0	7.9
연천군	100	78.6	17.3	2.9	1.2	0
가평군	100	80.8	3.3	3.1	0	12.8
양평군	100	76.1	11.4	5.3	0	7.2

지성의 돈되는 부동산 1인법인

**부동산 규제 시대,
다양한 투자 전략을 위한 선택!**

설립부터 활용까지 쉽게 따라하는
나 혼자 법인 만들기 A to Z.

지성 지음 | 이승현 세무사 감수 | 값 19,000원

부동산 상승신호 하락신호

고수들은 알았지만 당신은 몰랐던 움직임!

지금 대한민국 부동산은
상승기일까, 하락기일까?
20년 차 투자고수가 말하는 7단계 부동산 사이클.

신현강(부룡) 지음 | 값 18,000원

2838세대, 지금 집사도 될까요?

똑똑한 집 한 채가 평생 자산을 좌우한다!

생애 첫 내 집 마련부터 장기적 투자 계획까지.
부동산 커뮤니티 '부지런카페'의
실력과 멘토 3인의 친절한 부동산 입문서

비타씨(최이윤)·부토피아(이철호)·준걸(박경준) 공저
| 값 18,000원

나의 부동산 투자 지수, 과연 괜찮을까?

강남의 집값이 강북보다 비싼 이유를 설명할 수 있다 ☐

내가 살고 있는 동네의 '대장 아파트'를 알고 있다 ☐

부동산 분석 자료를 어떻게 찾는지 알고 있다 ☐

투자 대상을 선택하는 나만의 기준이 있다 ☐

내가 선정한 투자처의 장단점을 이야기할 수 있다 ☐

현장답사(임장)를 가서 무엇을 체크해야 하는지 알고 있다 ☐

단 하나라도 자신있게 체크하지 못한 당신은

마음은 급한데, 어디서부터 손대야 할지 모르는

N년차 '부동산 관심러'!!

'만년 관심'을 이제는 실행으로 옮겨야 할 때!
『초보 투자자를 위한 14일 부동산 수업』으로
오를 만한 물건에 안전하게 투자하라!

값 18,000원

13320

9 791190 877565

ISBN 979-11-90877-56-5 13320